AF250468

Vertu! Toi qui fus mon guide par le sentier pénible que j'ai dû suivre, sois aussi celui de mon fils! pag. 77.

Julie, Duchesse de GIOVANE,
née Baronne de MUDERSBACH,
Dame de la Croix étoilée,
Membre honoraire des Académies Royales
de BERLIN et STOCKHOLM.

PLAN

POUR FAIRE SERVIR LES VOYAGES À LA CULTURE DES JEUNES GENS
QUI SE VOUENT AU SERVICE DE L'ÉTAT
DANS LA CARRIÈRE POLITIQUE,

ACCOMPAGNÉ

D'UN

PRÉCIS HISTORIQUE

DE

L'USAGE DE VOYAGER

ET

D'UNE TABLE

POUR FACILITER

LES

OBSERVATIONS STATISTIQUES ET POLITIQUES;

LE TOUT SUIVI

DE L'ESQUISSE D'UN PORTE-FEUILLE À L'USAGE DES VOYAGEURS,
ET DE CELLE D'UNE CARTE STATISTIQUE.

AVEC LE PORTRAIT DE L'AUTEUR.

A VIENNE

DE L'IMPRIMERIE DE LA VEUVE ALBERTI

M. DCC. XCVII.

Quod enim munus reipublicae, afferre majus meliusve possumus, quam si docemus, atque erudimus juventutem? His praesertim moribus atque temporibus: quibus ita prolapsa est, ut omnium opibus refrenanda, ac coërcenda sit.

CICER. de Divin. lib. II.

A

CHARLES FRANÇOIS

DUC DE GIOVANE

S A M E R E.

TABLE DES MATIÈRES.

Pag.

Précis historique de l'usage de voyager. 1

PLAN DE VOYAGE.
Introduction. 27

PREMIÈRE PARTIE.
DES PRÉPARATIFS NÉCESSAIRES POUR VOYAGER UTILEMENT.

PREMIÈRE DIVISION.
Des connoissances que le jeune homme doit acqué-
rir, avant que d'entreprendre ses voyages. 29

SECONDE DIVISION.
Des objets qui contribuent essentiellement à l'uti-
lité des voyages, et dont le choix et la dispo-
sition doivent les précéder. 41

SECONDE PARTIE.
Observation générale. 59

PREMIÈRE DIVISION.
Des objets que le jeune voyageur doit observer du-
rant ses voyages. 63

SECONDE DIVISION. Pag.

De la méthode avec laquelle il faut faire les obser-
vations proposées.   72

TROISIÈME DIVISION.

De la conduite durant les voyages.   77

TROISIÈME PARTIE.

Des occupations et de la conduite au retour du
voyage.   88

AVERTISSEMENT.

Touchant le but et l'usage de la Table d'observa-
tions statistiques et politiques, d'après l'état
actuel des nations civilisées; *de l'esquisse d'un*
porte-feuille à l'usage des voyageurs, et de
celle d'une carte statistique générale d'un état
monarchique.   97

PLANCHE PREMIÈRE.

Table d'observations statistiques et politiques,
d'après l'état actuel des nations civilisées.

PLANCHE SECONDE.

Idée d'un Porte-feuille à l'usage des voyageurs.

PLANCHE TROISIÈME.

Esquisse d'une Carte statistique générale d'un état
monarchique.

PRÉCIS HISTORIQUE
DE
L'USAGE DE VOYAGER.

Entre le grand nombre d'objets; qui en même tems qu'ils proviennent d'une cause, réagissent sur elle, on peut aussi compter l'usage de voyager. Cet usage est l'effet de la culture des peuples, et en accélère les progrès; chez chaque nation l'histoire de ses voyages fait partie de celle de sa culture, et leurs différens genres servent à caractériser l'esprit du tems, dans lequel ils ont été entrepris, et à déterminer les divers degrés que la culture des hommes y a atteints.

Les voyages qui nous sont connus des plus anciens peuples, avoient pour but le commerce; ils étoient dictés par la nécessité, ou inspirés par l'amour du gain, et il est plus que probable que les voyages de ce genre sont les premiers que les hommes aient entrepris. L'expérience de nos jours le confirme par l'exemple des peuples encore barbares.

La nation grecque, modèle à tant d'égards des peuples ses contemporains, ainsi que de la postérité, est aussi la première qui dès l'époque remarquable de sa culture, nous présente dans la manière de

a

voyager de ses législateurs et de ses savans *(a)*, des voyages entrepris avec un but déterminé pour l'instruction générale et particulière, et exécutés avec cette sagesse, cette sollicitude qui évite tous les objets qui pourroient éloigner du but proposé, ou qui, quelquefois, avec une supériorité d'intelligence, sait même les y faire servir.

Les Romains, vainqueurs des Grecs dans les derniers tems, par la force des armes, et de tout tems leurs admirateurs par l'attrait irrésistible d'une culture supérieure, voyagèrent à leur exemple, et choisirent principalement la Grêce, pour y puiser des connoissances, chercher des loix, et jouir des arts.

Dans les voyages de découvertes, soit des pays, soit des routes nouvelles, la nation Romaine s'est signalée avec éclat. Ce genre de voyage, qui ne peut avoir lieu, que chez un peuple dont l'état social est déja très-perfectionné, et qui a atteint un degré supérieur de civilisation, avoit été entrepris aussi, et avec de grands succès par les Phéniciens *(b)*, les Egyptiens,

---

(*a*) La vie de Licurgue, Solon, Thales, et d'autres prouve cette assertion.

(*b*) L'expédition de Scylax de Caryandre que Darius, fils d'Hystaspe, chargea de suivre le cours de l'Indus jusqu'à son embouchure dans l'Océan, celle que sous Nechao II. Roi d'Egypte das vaisseaux Phéniciens entreprirent par ses ordres de cotoyer

les Perses, les Grecs, et le Carthaginois. Cependant les vastes possessions des Romains, les richesses immenses qu'ils en retirèrent, et l'état respectable de leur marine, leur fournirent les moyens d'exécuter avec supériorité des entreprises de ce genre, sur-tout depuis la chûte de Carthage, après laquelle le commerce et la navigation des Romains prirent un nouvel essor.

Sous le regne d'Auguste, durant lequel le commerce des Romains s'étendit jusques dans l'Inde, les voyages de découvertes les plus remarquables furent celui de Dénis de Carax ou le périégète que l'Empereur

---

l'Afrique, ce qu'ils exécutèrent en retournant par les colonnes d'Hercules, aujourd'hui le détroit de Gibraltar en sont des preuves, ainsi que plusieurs autres entreprises, également rapportées par Hérodote qu'on peut appeller l'Historien de voyages de découvertes de l'antiquité; comme bien des siècles après lui Strabon, Pline l'ancien et Ptolomé récueillirent tous les faits et récits de ce genre, tant des peuples anciens, que des Romains leurs contemporains. Environ 3538 la république de Carthage ordonna à Hanno de fonder une colonie au delà des colonnes d'Hercules. Le journal de ce voyage, une des pièces les plus intéressantes qui nous soient restées de l'antiquité, a été commenté savamment par Bougainville, en allemand par Mannert dans sa géographie des Grecs, et Ramusio qui l'a traduit dans la langue italienne, l'a accompagné aussi d'un discours raisonné. Voy. Raccolta delle navigazioni e viaggi da Giambatista Ramusic. In Venezia nella stamperia de' Giunti 1563.

4

chargea d'observer l'intérieur de l'Asie, et l'expédition de Drusus dont Suetone *(a)* dit qu'il fut le premier entre les chefs des armées Romaines, qui navigua sur la Mer du Nord.

Dans la suite du tems, l'expédition d'Agricola sous le regne et par l'ordre de l'Empereur Vespasien, qui valut aux Romains la découverte et la conquête des Isles Orcades *(b)*; les voyages des Empereurs Trajan et Adrien, ceux d'Arrien, Grec de nation, mais Consul Romain sous Adrien, et plusieurs autres servirent aux progrès des connoissances géographiques de ce tems, et sont des documens intéressans du zèle que l'on mettoit à les étendre. Mais dans les derniers tems de l'Empire Romain, la décadence de son état de prospérité, et celle de toute culture, influèrent aussi sur les entreprises des voyages, et l'on n'en connoît plus d'alors qui soit digne de remarque.

Les Grands-hommes avoient disparu, et avec eux les actions mémorables dans tous les genres. Enfin

---

(*a*) Is Drusus, in quaesturae, praeturaeque honore, Dux Rhetici, deinde Germanici belli, Oceanum septentrionalem primus Romanorum Ducum navigavit: transque Rhenum fossas novi et immensi operis effecit, quae nunc adhuc Drusinae vocantur. *C. Suet. Tranq. Tiber. Claud. Drus. Caesar. lib. V. cap. I. Edit. Norimb.*

(*b*) Tacitus, vita Agricolae.

la chûte totale de l'Empire d'Occident, les invasions des Barbares dans ces contrées occasionnèrent, comme toutes les époques révolutionnaires, des émigrations, et arrêtèrent les voyages.

En Orient paroissoit encore le crépuscule de cette lumière qui y brilloit autrefois, et l'on continuoit de s'y instruire sur les ruines de la grandeur et de la culture des siècles passés *(a)*. Dans la suite le but principal des voyages y fut cependant le commerce, sur-tout celui de l'Inde. Les Grecs, les Arabes, ainsi que d'autres peuples orientaux, quoiqu'ils différassent entr'eux, quant aux succès, furent également animés par l'esprit de cette entreprise, et les descriptions de

---

(a) Même les plaintes amères de Sinésius, sur ceux qui s'énorgueillissoient d'avoir vu les endroits jadis célèbres par les savans de la Grêce, prouvent évidemment que ces voyages étoient en usage et combien ils étoient appréciés. *Synes. Epist.* 54. *ad fratrem.* Quoties in Piraeicum Navarcham incideris, ad nos scribito, illic enim tuas litteras accipiemus. Non solum autem ex ea profectione utilitatem consequar, quod praesentibus me malis exsolvam, sed quod deinceps non amplius illinc venientes scientiarum atque eruditionis nomine adorabo, qui cum nihil a mortalibus nobis discrepent, haud sane quantum ad Aristotelis, Platonisve intellectum attinet, nihilominus inter nos perinde atque inter mulos Semidei versantur, pro eo, quod Academiam et Lycaeum viderint, et variam illam Porticum, ubi Zeno philosophabatur; *Synes. Cyren.* Opera, quae exstant, omnia graece et latine, interprete Dionysio Petavio. *Edit. Lutetiens. de anno* 1612.

voyages que nous possédons de ces tems-là, en sont des preuves convainquantes *(a)*.

Dès les premiers siècles du christianisme les missions furent en usage, et par ces voyages religieux, il se propagea une culture morale et littéraire jusque chez les nations les plus éloignées et les plus barbares ; comme leurs moeurs et leurs usages parvinrent par ce moyen à la connoissance des peuples civilisés *(b)*, qui en conservèrent le souvenir dans l'histoire.

En Europe, depuis le cinquième siècle, un grand nombre de Laïcs, de tout rang et de tout âge, entre-

---

(a) Cosmas ap. Montfaucon Coll. nov. Patrum graecorum. Le voyage de deux Arabes, publié par Mr. Renaudot en 1718. sous le titre : Anciennes rélations des Indes et de la Chine, de deux voyageurs Mahométans qui y allèrent dans le neuvième siècle, traduites de l'Arabe, avec des remarques sur les principaux endroits de ces remarques ; quoique ce dernier voyage, ainsi que celui de Massoudi au dixième siècle, et plusieurs autres documens arabes, qui ont été réunis en France, dans les notices et extraits des manuscrits de la bibliothéque du Roi, manifestent que la nation Arabe contribua aussi par ses voyages aux découvertes et observations géographiques de son tems.

(b) L'Europe même se civilisa, et apprit à se connoître plus particulièrement par ce moyen. Entre autres témoignages, je n'alléguerai que la lettre suivante : *Bonif. ad Zachar. Epist.* 141. *p.* 133.

Praecepit quoque mihi praefatus apostolicus Pontifex, ut populorum, quoscumque visitassem, conversationem et mores apostolicae sedis Pontifici indicarem, quod in Domino confido me fecisse. *Max. Bibl. patrum. Tom.* 13. *Lugdun.* 1677.

prirent le voyage de la Terre-Sainte. Leur passage par Constantinople, et leur séjour en Orient, furent les premiers moyens, par lesquels la littérature orientale, et en même tems le luxe et le faste de cette contrée devinrent connus en Europe. Ces notions y excitèrent le desir du commerce avec ce pays, et avec l'Inde, dont l'on tiroit les principales richesses.

Les croisades qui s'en suivirent au onzième siècle, et pendant les tems suivans, produisirent en grand ce que les voyages effectuent en détail : la réunion des différens peuples, et la communication de leurs idées, de leurs moeurs et de leurs usages.

Enfin, comme le remarque le savant Muratori *(a)* dans l'histoire des peuples, il se présente un rassemblement de circonstances, qui indiquent la renaissance du commerce. Cette combinaison de circonstances, cette indication se manifestent dans l'histoire de l'Europe dès le huitième siècle ; mais ce fut après les dernières croisades que l'impulsion que les nations Européennes avoient reçue, se déploya avec énergie, et que les entreprises du commerce se firent avec les progrès les plus rapides. Quant aux voyages de découvertes de ce tems, ils ne furent ni moins nombreux,

____

(a) Antiquit. Ital. medii aevi 11, 400, 408, 410, 883, 885, 894. Rer. Ital. script. 11, 487.

ni moins importans, que ceux dont le commerce fut le but. On peut même dire qu'ils servoient à s'exciter et à se favoriser réciproquement *(a)*.

Les lumières, le zèle et les soins du Prince Henri de Portugal, dont les actions répondirent si justement à la dévise qu'il s'étoit choisie, *le talent de bien faire*, animèrent les voyages de découvertes chez la nation Portugaise *(b)*, les mathématiciens

---

(a) Outre les différens voyages, auxquels les missions donnèrent lieu, tels que ceux de Plancarpin et de Guillaume Rubruquis, on compte encore de ce tems celui du célèbre Marc Paul, qui dura vingt-six ans, celui du Chevalier Jean de Mandeville, qui fut de plus longue durée encore, et nombre d'autres occasionnés par l'amour des découvertes, entre lesquels la description qu'a laissé le premier, sera toujours le plus beau document de ce genre que nous possédions du moyen âge.

(b) Pourquoi ce Prince si zèlé et si animé pour les grandes entreprises, ne sentoit-il point, qu'il ne s'agit pas seulement de bien-faire ce que l'on fait, mais de bien choisir l'objet de son entreprise, et que faire le bien doit être la base du talent de bien-faire? Car il est triste de devoir avouer, que la gloire de ce Prince fut ternie par la traite de Négres, qui commença au Rio d'Ouro par Antoine de Gonsalve en 1542. Cependant les préjugés, la rudesse des moeurs du quinzième siècle peuvent en quelque façon diminuer le tort du Prince Henri, qui ne pouvoit prévoir encore les suites horribles de cet infame trafic. Mais que dire du dix-huitième siècle, qui les connoît et qui tolère ce trafic? que dire de ceux qui ont entendu tout ce que le respectable Wilberforce, si infatigable à soutenir la cause de l'humanité, leur a représenté sur ce grand objet, et qui cependant ont pu résister à la force de sa persuasion?

prêtèrent leurs secours aux pilotes, et ceux-ci munis d'instrumens nouveaux, de cartes plus exactes, franchirent l'Atlantique.

Les voyages de ce genre se suivirent alors de si près, que chaque année du quinzième siècle est presque marquée par quelques nouvelles découvertes; enfin celle qui fit connoître une partie du globe à l'autre, et celle qui, depuis long-tems, étoit le but de tous les grands navigateurs, *le chemin aux Indes par le Cap de Bonne-Espérance*, couronnèrent la fin de ce siècle mémorable à tant d'égards dans les annales de l'humanité.

Cette époque devint la source féconde du grand nombre de voyages de tout genre sur mer qui se sont succédés jusqu'à nos jours, et auxquels le commerce doit ses richesses, les connoissances, les progrès les plus importans, et les états leur splendeur et leur prospérité.

L'institution des universités, aux douzième et treizième siècles, amena un genre de voyages que l'on pourroit appeller littéraire; l'histoire de la culture en Europe nous prouve combien il fut en usage *(a)*.

______

(a) En Allemagne, cet usage de voyager pour acquérir l'habileté nécessaire à l'état et à la profession qu'on avoit embrassée, passa aussi, mais plus tard, aux gens de métier: dès que les corporations de ce genre se firent, on y arrêta que tout apprentif

Sous le regne de Louis VII. l'affluence des étudians à l'université de Paris fut si grande, ses rapports au dehors s'y trouvèrent si multipliés, qu'elle forma le premier établissement de la poste *(a)*, perfectionné après par Louis XI. en 1462 et en 1467; et l'université de Bologne compta du tems du célèbre Azo qui y enseigna la jurisprudence vers la fin du douzième siècle et au commencement du treizième, près de dix mille étudians. Sans m'arrêter à l'énumération des individus, qui frequentèrent tant d'autres universités célèbres, sur-tout celles de l'Allemagne, qui, quoique fondées plus tard que les susmentionnées, prouvent cependant par leur nombre, que la culture y fut bientôt généralement repandüe, ainsi que le concours des différentes nations, qui, jusqu'à nos jours, se soutenant à ces universités et augmentant même plutôt, manifeste leur mérite; mais, sans m'arrêter, dis-je, davantage aux détails, qui prouveroient que le but de s'instruire fit dans les siècles marqués, qu'un grand nombre de jeunes gens voyagèrent et rapportèrent dans leur patrie, outre l'instruction dans les sciences, la connoissance des pays étrangers, celle

---

n'obtiendroit la maîtrise qu'après avoir voyagé pour se perfectionner dans le métier qu'il avoit choisi, et cet l'usage s'y soutient encore de nos jours.

(a) Voyez l'histoire de l'université de Paris par Crévier. 1761.

de leurs moeurs et de leurs usages *(a)*, je remarquerai
seulement que c'est de ces voyages qu'il semble que
dériva la coûtume, qui depuis plusieurs siècles, a
lieu dans presque tous les pays cultivés de l'Europe,
de faire voyager dans les pays étrangers les jeunes
gens, auxquels on veut donner une éducation distin-
guée, et de terminer par-là le cours de leurs études.
Mais autant cet usage paroît répondre à l'idée
de la culture nécessaire à un jeune homme que sa
destination future obligera de servir sa patrie dans
des rapports importans et des places distinguées :
autant l'abus que l'on en fit, rendit cet usage, non
seulement inutile, mais encore préjudiciable, tant à
l'intérêt particulier qu'à celui du public.

Car bientôt on regarda la coûtume de voyager
comme une mode, un acte de convention du bon ton.
Les soins des parens n'eurent la plûpart du tems pour

(*a*) Arnold de Lubeck dit en parlant des Danois : siquidem Dani
usum Teutonicorum imitantes, quem ex longa cohabitatione eorum
didicerunt, et vestitura et armatura se caeteris nationibus coa-
ptant : et cum olim formam nautarum in vestitu habuissent propter
navium consuetudinem, quia maritima inhabitant; nunc non solum scarlatico vario grisio, sed etiam purpura et bysso induun-
tur. — Omnibus enim divitiis abundant : scientia quoque liberali
non parum profecerunt, quia nobiliores terrae filios suos non solum ad Clerum promovendum, verum etiam saecularibus rebus
instituendos Parisios mittunt. *Arnold Lubec. Opera. Edit. Lubecens.*
1659. *pag.* 306. *lib. III. cap.* 5.

objet, que des détails de luxe et d'ambition; on espéroit par-là de faire faire au jeune voyageur dans les pays étrangers ce que l'on appelloit une bonne figure, et qui, le plus souvent, ne servit qu'à l'y couvrir de ridicule. De son côté le jeune homme qui, dans cet instant si important de sa vie, celui où il entre dans le grand cercle de la société humaine, en fréquentant les diverses nations qui la composent, ne se trouvoit ni éclairé ni préparé conséquemment à la démarche qu'on lui faisoit faire, ne s'arrêtoit aussi dans les pays étrangers qu'à des objets futiles, et souvent même dangereux. Des hommes ineptes et méprisables devinrent ses modèles, et après une perte considérable de tems et de fortune, qu'il ignoroit devoir considérer comme autant de capitaux dont les intérêts sont dûs à la patrie; il croyoit retourner en héros dans son pays, lorsqu'il y rapportoit tous les ridicules, tous les travers, et, hélas! quelquefois même tous les vices des nations qu'il avoit vues. Bien loin d'être utile à sa patrie, en profitant des lumières qu'il auroit pu acquérir chez l'étranger, pour per-fectionner le bon qui s'y trouve, et provoquer par son zèle, ses soins, ses sacrifices mêmes celui qui y manquoit; il en devint au contraire le détracteur, se fit une gloire de dédaigner les productions de son sol, de ses artistes, de son génie, dépensa son patrimoine en folles imitations, et en acquisitions inutiles et souvent mauvaises des pays étrangers, et se rendit ainsi, durant sa vie méprisable, la dupe d'une nation étrangère, et le fardeau de la sienne.

De pareils exemples, qui, plus ou moins eurent lieu dans tous les pays, contribuèrent certainement à la défense que firent quelques Souverains de voyager dans les pays étrangers avant trente ans ou environ (a). Mais qu'il me soit permis de remarquer que l'usage de voyager, si important à la culture des nations, devoit presque cesser par-là: le plus grand nombre se trouvant, à l'âge prescrit, liés ou par les devoirs des charges qu'ils occupent ou par des rapports de famille. Et si quelques individus, chez qui les circonstances et la volonté s'unissent pour rendre possibles de longs voyages dans la maturité, sont des exceptions; l'utilité qu'ils retireroient, si ces derniers voyages étoient précédés par ceux de leur jeunesse, prouve qu'une pareille ordonnance leur seroit pareillement préjudiciable.

(a) Fréderic-Guillaume I., Roi de Prusse, défendit de voyager au-dessous de trente ans sans la permission expresse du Souverain, en exceptant cependant les compagnons de métiers, et l'Empereur Joseph Second porta la même défense pour toute personne au-dessous de vingt-huit, excepté les artistes et gens de métier par un décret du 27. Avril 1781.

Secondement, j'ose observer, que ceux qui ne voyageroient même qu'à l'âge de vingt-huit ans, ou environ, sans s'y être préparés particulièrement, et sans avoir acquis toutes les connoissances pour savoir voyager, le feroient également sans fruit. C'est avec les yeux de la maturité qu'il importe de voir un pays, dit M. de Choiseul Gouffier dans son beau discours préliminaire sur le voyage pittoresque de la Grêce; mais si les yeux, dans cet âge comme dans l'autre, ne sont pas éclaircis par les lumières nécessaires, pour bien voir les objets que l'on doit observer, le résultat sera absolument égal. L'exemple de M. de Choiseul Gouffier, confirme même cet avis, combien d'autres, avant et après lui, ont vu dans l'âge de la maturité la Grêce et ses ruines, sans y avoir observé ce que ses yeux animés par la vivacité de la jeunesse et éclaircis par les lumières de tant de connoissances y ont remarqué.

C'est donc l'instruction qui, comme on l'employe avec raison dans tous les autres cas, soit qu'il s'agisse de science ou d'entreprise, devroit aussi avoir lieu pour celle des voyages; et puisque c'est une vérité incontestable, que les voyages bien dirigés, contribuent essentiellement à la culture et à la prospérité d'une nation, l'instruction nécessaire sur ce point devroit faire partie des études publiques, et si une ordonnance devenoit desirable sur cet objet, ce seroit que nul jeune homme ne pût voyager sans que lui, et le guide qui doit l'accompagner, n'aient terminé ce cours d'instruction *(a)*. Je n'entreprendrai point de tracer le plan d'un pareil collège; c'est-là l'ouvrage

---

(a) En formant ce voeu, je rends à M. le Conseiller d'État Schlözer, avec un plaisir bien sensible, le tribut de reconnoissance que lui doit tout homme qui aime le bien et partage celui qui arrive à ses semblables, de ce que, depuis plusieurs années, il lit un collège privé sur la manière de voyager et dont l'annonce au public parut déja en 1777. Ses collèges sont tres-fréquentés; et s'il m'étoit possible de recueillir les voix de tous les jeunes voyageurs, qui doivent à ce cours d'instruction les conseils et les lumières qui les ont guidés avantageusement durant leurs voyages, j'aurois l'appui le plus efficace pour faire valoir la proposition que j'ose avancer de la nécessité d'un pareil cours. Je souhaiterois cependant que le plan d'un tel collège fût plus étendu que n'est celui de cet illustre savant, dont néanmoins la briéveté est non seulement justifiée par la quantité de ses autres occupations littéraires, mais encore par des raisons qui tiennent au local et qui se trouvent alléguées dans l'annonce plus détaillée de son collège de voyage qui parut à Gottingue en 1791.

Cette feuille étoit déja imprimée, quand j'appris qu'à Gottingue, M. le Conseiller et Professeur Wrisberg lisoit aussi depuis quelques années un cours d'instruction de voyage, se servant de descriptions de voyages, de cartes géographiques d'estampes, pour éclaircir ses explications. Il est satisfaisant de voir que cet objet commence à fixer l'attention des hommes d'un mérite distingué, et il est à desirer qu'ils veuillent s'en réunir de plus en plus pour l'avancement et le perfectionnement de cette instruction importante.

des personnes initiées par une longue expérience dans l'art de l'instruction publique. J'exposerai seulement en général ce que j'entends par ce cours, et j'ajouterai quelques idées pour en appuyer la nécessité et l'avantage que l'on en retireroit, afin d'exciter sur ce sujet l'attention de ceux dont dépendroit un pareil établissement. La science d'adapter ce que l'on a entendu et appris aux circonstances du moment, sur-tout quand elles nous sont nouvelles et étrangères, est le propre de la réflexion et de l'expérience, dont l'une appartient rarement, et l'autre jamais, à la première jeunesse.

Le but de ce cours seroit, quant à la partie scientifique, de résumer tout ce que dans les différentes études de géographie, d'histoire, de statistique, de droit et de politique, les jeunes gens auroient déja entendu sur ces matières, mais en l'adaptant à l'observation pratique des pays et des hommes. Bien loin d'être une répétition inutile, ce résumé des connoissances, fait avec un esprit philosophique et représenté sous un point-de-vue que les professeurs n'envisageoient pas en traitant chacune de ces matières en particulier, développeroit des vérités nouvelles, et donneroit lieu à un grand nombre de remarques infiniment importantes, tant au voyageur qu'à l'homme d'affaires futur.

On indiqueroit aussi dans ce cours, les pays les
plus intéressans à voir pour les auditeurs nationaux ;
on les animeroit par-là à y voyager plutôt que dans
des pays que l'on ne choisit souvent que par ce qu'il
est à la mode de les parcourir. Ce sont les rapports
et l'intérêt de la patrie, qui doivent guider ceux qui
veulent se former pour la servir.

Chaque pays, indistinctement dans tous les genres,
a des avantages de préférence sur d'autres. Le cours
d'instruction dont il s'agit, devroit faire connoître
ces avantages relatifs, ainsi que les défauts opposés,
en y observant néanmoins soigneusement tout ce qui
doit s'attribuer aux circonstances locales. Ces observations garantiroient le jeune voyageur de l'enthousiasme pour tout ce qui est étranger, qui, si souvent,
a attiré aux voyages le reproche d'affoiblir le patriotisme : effet, qu'ils ne peuvent avoir que par
l'ignorance de ceux qui les entreprennent. Elles
préserveroient encore les jeunes gens de contracter
la manie des projets et des réformes, et les rendroient
peut-être, même encore plus prudens à l'âge où des entreprises de ce genre leur seroient confiées. Trop souvent l'enthousiasme dont je parle, et l'envie de ré-
former tout ce qui paroît abusif et d'introduire des
nouveautés, n'ont lieu que par le défaut d'analyse des
raisons pourquoi une chose existe, et par un manque

de jugement des conséquences qui s'ensuivroient, si cette même chose étoit établie sous des circonstances diverses, et avec une modification différente.

Il seroit encore à desirer que durant ce cours, les jeunes gens s'exerçassent à tracer des tableaux topographiques et topostatistiques des pays où ils voudroient se rendre, d'après les tables et les cartes géographiques et topographiques *(a)*, et les ouvrages statistiques et politiques que le Professeur leur indiqueroit; cet exercice formeroit le coup-d'oeil de l'observateur en matière de connoissances politiques, comme celui de lever des cartes et des plans, forme le coup-d'oeil du jeune militaire, et fait par cette raison, depuis long tems, partie de son éducation.

Durant tout le cours de cette instruction, ce seroit cependant la patrie des auditeurs que l'on devroit surtout avoir en vue. Dans les observations il faut une échelle pour mesurer les objets; la connoissance de son propre pays, servira comme telle à tout homme qui voudra observer d'autres contrées et en

---

(a) Les cartes statistiques, portées au degré de perfection dont elles sont susceptibles, faciliteront un jour essentiellement ce travail, vu qu'elles seront à la connoissance politique des pays, ce que les cartes géographiques sont à la connoissance des lieux et de leur situation respective.

juger. C'est d'ailleurs un de ses ridicules impardonnables, de connoître une capitale à quatre-vingt-dix lieues de son endroit natal et d'ignorer l'état de la province limitrophe à celle où l'on est né.

Les avis et les conseils touchant les différentes manières de voyager, touchant les routes et le séjour plus ou moins long dans les divers endroits où l'on s'arrêtera, ceux qui regardent les précautions à prendre pour la santé, pour l'économie du tems et l'épargne des dépenses inutiles, enfin toutes les notions concernant les monnoies étrangères, les usages de police établis dans certains pays et que l'étranger doit savoir pour n'être pas exposé à des désagremens : tous ces détails, toutes les règles pratiques qui peuvent guider avantageusement un jeune voyageur dans les occasions où il se trouvera, devroient faire partie de ce cours *(a)*, rien ne devant être indifférent aux yeux de celui qui entreprend de régler une démarche aussi importente de l'homme.

Dans la patrie qui traiteroit des moeurs et de la

(a) Nous avons dans toutes les langues des livres qui traitent de ces objets, tel que l'ouvrage du Comte de Berchtold en anglois ; en allemand ceux de MM. Heinzmann et Gilbert ; et le guide des voyageurs en Europe, par M. Reichard en françois et plusieurs autres. Mais, sans l'instruction publique en générale, j'ose le répéter, les meilleurs conseils et avis de ce genre resteront infructueux.

conduite, on devroit éviter tous les lieux communs en morale, et ne proposer des conseils qu'en supposant le cas auquel ils seroient applicables, et en le représentant avec tant de vérité, que le jeune homme le reconnoisse dans l'événement. Il est naturel que l'on ne peut prévoir tous les cas où quelqu'un peut se trouver, mais il y en a peu qui ne se rapportassent aisément à ceux que l'on poseroit à l'aide de la raison et de l'expérience du monde, et que l'on examineroit d'après de bons principes.

L'analogie qu'il y a entre ce qu'un voyageur éclairé est tenu d'observer dans les pays étrangers, tant par rapport aux choses qu'aux hommes, et à la conduite qu'il doit y garder, et les obligations qu'aura un jour à remplir l'homme d'état relativement à ces différens objets, m'autorise à avancer qu'un pareil cours d'instructions serviroit encore à l'accomplissement de ses devoirs durant toute la carrière qu'il doit fournir un jour : *vitae non scholae discere* est la devise la plus juste des voyages, et elle est aussi celle de toute la vie d'un homme qui sert sa patrie dans des charges et dans des rapports importans.

Nos jeunes gens ayant terminé ce que l'on appelle leur éducation scientifique, on les voit entrer dans le monde très-embarassés de ce qu'ils feront de leurs sciences acquises. Le genre de vie qu'ils ont mené précédemment, leur paroissant entièrement détaché de celui qu'ils vont embrasser, ils s'arrachent, pour ainsi dire, aux objets qui les ont occupés jusqu'à ce moment, pour se livrer à ceux au milieu desquels on vient de les transplanter et auxquels la nouveauté et la jouissance ne prêtent que trop d'appas. C'est cet intervalle qu'il y a entre le tems voué aux études d'un jeune homme et celui où il perd son poste dans la société, soit par des rapports de famille, soit par des charges et des fonctions publiques, souvent par l'un et l'autre; c'est, dis-je, cet intervalle, dans lequel le jeune individu est introduit dans le monde, non pour apprendre à le connoître, mais, presqu'abandonné à lui-même, pour commencer à en jouir, qui, si souvent, fait perdre tout le fruit des peines que l'on a prises jusqu'alors, et détruit à jamais les belles espérances qu'il donnoit.

Telle est cette lacune si funeste qui se trouve dans le système de la culture des jeunes gens qu'il faudroit remplir: et comment le pourroit-on plus avantageusement que par un cours de voyages dirigé par l'instruction, qui, unissant la théorie à la pratique, formeroit ce chaînon qui lieroit la partie scientifique de l'éducation précédente à la connoissance et à l'usage du monde, à l'exercice des devoirs et des vertus sociales qui constituent pour la vie les obligations principales de l'individu *(a)*. Montesquieu a dit ce que tant d'autres ont répété après lui, que nous recevons trois sortes d'éducations différentes, celle de nos pères, celle de nos maîtres, et celle du monde. Mais oserois-je remarquer que cette dernière qui est certainement la plus efficace de toutes, tant par le nombre de ses moyens, que parceque l'éducation en général n'étant que le développement des diverses facultés de l'homme jusqu'au degré de la perfection possible, l'énergie de ses dispositions durant cette dernière époque lui assure un succès prédominant; que c'est cette éducation cependant

---

(a) Quoique les gouvernemens pussent, par des bénéfices accordés aux personnes moins aisées, généraliser plus l'usage de voyager, et mettre par-là les jeunes gens qui voudroient se rendre propres à servir l'état dans des charges importantes, à même de s'y préparer par ce moyen; néanmoins tant d'autres classes d'hommes que la société nous présente, dont le genre de vie exclut la possibilité des voyages, et qui cependant ne se ressentent pas moins de cette lacune qui se trouve dans le système de l'éducation en général, feroit desirer que l'on cherchât à la remplir, pour chacune d'elles, par des moyens propres et praticables. Dans un de mes ouvrages, la réponse donnée en 1786 à la question proposée par l'académie électorale de Munich: *Quels sont les moyens les plus solides pour conduire l'homme au bien, sans y employer la violence?* j'ai déja touché cet objet, le considérant comme un des moyens les plus propres à diriger l'homme au bien, et si la passion de m'instruire, qui s'est manifestée dès ma plus tendre enfance, et que les soins

qui a été la plus négligée, si non tout-à-fait abandonnée.

Des Particuliers zélés pour le bien, ainsi que de
bons Gouvernemens, ont dans tous les tems pris soin
de l'enfance et de l'adolescence par des instructions
et des institutions de tout genre, qui paroissent servir
utilement à la culture de l'homme dans ces premiers
périodes de sa vie. La jeunesse seule est restée envi-
ronnée de mille dangers, abandonnée au hazard de
ce qu'elle pourra devenir par l'impression que feront
sur elle les objets nouveaux du grand monde, et ses
propres dispositions à les recevoir et à y répondre.

---

des parens les plus respectables ont mise à profit, m'ont rendue
capable de répondre dans ma première jeunesse à cette question,
si intéressante pour l'esprit et le coeur, d'une manière qui a obtenu
les suffrages, je vois avec une satisfaction réelle, qu'après neuf
années, dont une grande partie a été vouée à l'étude de l'éducation
et de la culture humaine, j'ose encore choisir pour objet de cet
ouvrage une de ces premières idées, celle de la nécessité d'étendre
en matière de culture sur la jeunesse les soins que l'on donne aux
premières époques de la vie, mais d'une manière qui soit propre
à la nature de cet âge, et proportionnée aux différens genres de
la vie de l'homme. Que l'on me pardonne cette remarque que j'ai
cru devoir me permettre, parceque tout ce qui sert à faire connoître le développement progressif et l'enchaînement des idées
d'un auteur, contribue essentiellement à l'intelligence de l'ouvrage
même; sur-tout quand il s'agit d'un objet nouveau, ou considéré
sous un nouveau point-de-vue.

Guider l'homme dans son entrée dans le monde, procurer l'enchaînement de l'instruction scientifique à l'usage du monde, l'application de la théorie des écoles à la pratique de la vie : voilà ce qui reste encore presqu'entièrement à faire pour sa culture.

Un des moyens qui concourroit à ce but, seroit certainement les voyages bien dirigés et précédés de l'instruction nécessaire ; voyager, c'est étudier les choses et les hommes par la pratique, c'est lire dans le grand livre du monde, mais il faut avoir appris à y lire. Le jeune homme qui le saura, réalisera par-là ses études, consolidera sa façon de penser, et il se trouvera profondément convaincu par l'expérience, que le bonheur de l'homme, sous tous les climats, et dans toutes les conditions, ne peut consister qu'à remplir les devoirs de son état, et à y faire le plus de bien possible.

Peut-être m'opposera-t-on l'exemple des personnes, qui depuis tant d'années voyagèrent avec utilité, sans le secours de l'instruction publique. On ne peut contester, que dans tous les tems il n'y en ait eu qui ont mis leurs voyages à profit ; mais le nombre en est très-petit en comparaison de ceux qui non seulement n'en ont retiré aucune utilité, mais pour lesquels les voyages ont eu même les suites les plus funestes.

Qu'on me permette de comparer l'usage de voyager

à une mine riche, dont on n'auroit encore exploité qu'un seul filon. Chaque gouvernement pourroit puiser dans cet usage les moyens les plus efficaces pour diriger les jeunes gens dans leur entrée dans le monde, et leur y faciliter la connoissance et la pratique des devoirs de leur état et de leur destination future. Mais ce n'est qu'en épurant cet usage des abus qui s'y sont glissés, en fixant bien l'idée que l'on doit en avoir, et en surveillant avec zèle l'instruction et la direction que les voyages exigent, qu'ils parviendront à remplir ce but, et à mettre à profit cette ressource importante.

Puissent ces idées être pesées et appréciées par ceux que des lumières supérieures et l'autorité mettent en état d'en juger et en droit d'en faire usage! Puisse notre siècle se distinguer dans l'histoire des voyages par la sagesse avec laquelle on saura les y faire servir à la culture et au bonheur de la société humaine; et puisse enfin, où se termine pour nous cette histoire, commencer pour la postérité l'époque de la philosophie des voyages!

———◆———

PLAN DE VOYAGE.

INTRODUCTION.

CE sont les rapports essentiels de l'homme qu'il faut examiner pour fixer les points-de-vue, sous lesquels ses actions morales et politiques doivent être envisagées.

Concernant le sujet, dont il s'agit, l'usage de voyager : ce sont les rapports de l'homme à la société humaine en général, et à celle qui en particulier forme sa patrie qui présentent les points - de - vue sur lesquels l'attention doit s'arrêter. C'est comme homme et comme citoyen de sa patrie dans le poste qu'il y occupera, c'est sous ce double rapport qu'il faut que le jeune homme considère son plan de voyage.

Personne ne sauroit devenir un sujet distingué par ses lumières, ni acquérir les dispositions nécessaires pour servir son pays dans des charges importantes, s'il n'a étudié autant l'homme que les institutions morales, civiles et politiques par lesquelles on a essayé de perfectionner l'état social. Le voyageur est homme, il est citoyen de sa patrie, et l'objet de ses observations sont l'homme et les membres d'une société civile quelconque.

De ces principes qui doivent constituer la base du plan de voyage, il resulte qu'il faut que le jeune homme, avant que d'entreprendre de voir des pays étrangers: premièrement reçoive une culture analogue au but de son entreprise, et qu'il soit fourni de toutes les connoissances et aidé de tous les moyens qui peuvent le mettre en état de faire les observations qui y ont rapport; secondement, qu'il soit dirigé durant ses voyages d'une manière à faire ces observations avec le plus de facilité, d'ordre et d'exactitude qu'il sera possible; troisièmement enfin, qu'il apprenne à apprécier l'importance du tems qui suit immédiatement celui de ses voyages, et à l'employer de façon qu'il en recueille tout le fruit, et qu'il en fasse son profit pour tout le reste de sa vie.

PLAN DE VOYAGE.

PREMIÈRE PARTIE.
DES PRÉPARATIFS NÉCESSAIRES.
POUR VOYAGER UTILEMENT.

PREMIÈRE DIVISION.
*Des connoissances que le jeune homme doit acquérir,
avant que d'entreprendre ses voyages.*

Tout ce qui peut mettre un jeune homme en
état d'observer durant ses voyages l'état civil, économique et politique des pays, et d'en juger, forme
la masse des connoissances que doit acquérir préalablement celui qui aspire par-là à remplir un jour
des emplois éminens dans sa patrie, et à y représenter un possesseur de grandes terres. C'est sous
ces deux rapports si essentiels au bonheur de sa
patrie que je considérerai les obligations du noble
envers elle.

La connoissance de l'agriculture et de l'économie
rurale en général, est celle que je nommerai en premier lieu, parcequ'elle est si nécessaire au possesseur

de vastes terrains, que par cette seule branche, en s'exemptant même d'autres emplois dans sa patrie, il peut néanmoins devenir un de ses bienfaiteurs *(a)*, pendant que rien n'y peut contrebalancer les maux, comme sont la stérilité du sol, l'oppression et la misère de ses habitans, la dépopulation du pays, qui tous resultent de la négligence de l'agriculture et de l'économie rurale. C'est de l'ignorance sur ces objets que proviennent aussi ces préjugés, ces erreurs si nuisibles, par lesquelles le possesseur d'une terre sépare son intérêt de celui de ses vassaux, et ne comprend pas cette vérité, qui est cependant une des bases du bonheur social: que la prospérité d'un chef est toujours en proportion de l'aisance et du bien-être qu'il procure à ceux qui lui sont attachés par des rapports de dépendance.

À l'époque où le système féodal étoit dans toute sa vigueur, la politique éloigna les grands propriétaires de leurs terres. Présentement où nous touchons à un état de choses presque diamétralement

---

(a) Les ouvrages d'Arthur Young si intéressans et si importans dans leur genre, peuvent convaincre de cette vérité ceux qui en douteroient encore. Voyez: *Arthur Young: a six weecks tour through the southern countries of England and Wales*, London 1768. — *A six months tour through the Nord of England.* London 1770. — *The farmers tour through the East of England.* London 1771. etc. etc.

opposé, ne devroit-elle pas les y ramener? L'administration des terres, d'après des principes justes et bienfaisans, seroit certainement le soutien le plus solide d'une classe, qui ne s'est, peut-être, attiré dans ses derniers tems les reproches de mener une vie oisive et de prodiguer au luxe ce qui fut arraché à la nécessité, qu'en quittant trop généralement ses foyers, et en négligeant les devoirs de pères et de bienfaiteurs envers les habitans de ses campagnes, ainsi que le titre respectable de promoteurs des principaux genres d'industrie, dont le sol du pays seroit susceptible.

Mais quel attrait aura la vie champêtre pour un possesseur de terres, quelle attention donnera-t-il aux avantages que pourroient avoir en matière d'économie rurale les pays étrangers, quel zèle témoignera-t-il un jour à mettre ses améliorations à profit dans sa patrie, s'il ne connoît ni la campagne, ni ses productions; si des notions sur l'agriculture et l'économie rurale, autant qu'elles peuvent convenir à la part qu'il y doit prendre dans la suite, n'ont fait partie de son instruction dans sa jeunesse?

Ce que j'ai dit sur l'agriculture et l'économie rurale, peut s'appliquer également aux fabriques, aux manufactures et à l'industrie en général. Le jeune

homme qui, en vertu de la considération et des
richesses attachées à son état, peut s'intéresser dans
le cours de sa vie à ces sortes d'entreprises, doit
indispensablement les connoître.

L'histoire du commerce et des notions justes sur
son état présent en Europe, font partie des con‑
noissances, dont le jeune voyageur doit être fourni.
Ces notions qu'il étendra et perfectionnera par ses
voyages, lui seront un jour de la plus grande utilité,
soit qu'il se trouve employé dans l'intérieur de sa
patrie, soit qu'il passe au dehors dans des missions
étrangères.

La connoissance de l'histoire des sciences et des
arts, tant libéraux que mécaniques, est indispen‑
sablement nécessaire à un jeune homme qui veut
travailler dans la suite à la culture et au bonheur de
sa nation, et par l'agrément qu'elle répand sur
l'existence de tout homme qui s'y applique, elle
mérite encore de lui être proposée à titre d'une des
plus belles jouissances de tous les âges de la vie.

Touchant cet objet, je me permettrai une digres‑
sion pour énoncer le voeu que je forme depuis long
tems; que l'histoire des sciences et des arts soit
enseigné selon l'idée que Bacon proposa à tous ceux
qui auroient étudié soigneusement un sujet, d'en
indiquer les *desideranda*, ou ce que l'on peut espérer

d'y découvrir *(a)*. M. Priestley qui a écrit son histoire sur l'électricité, en suivant cette idée, et en y marquant ce que l'esprit humain a apperçu sur ce sujet, ce qu'il entrevoit, et ce qu'il peut espérer d'en pénétrer encore, a prouvé pratiquement l'utilité de cette méthode. Un jeune homme de talent, qui en parcourant l'histoire des progrès de l'esprit humain dans les sciences et dans les arts, et qui par les indications qu'il y trouveroit, s'exerceroit à considérer le vaste champ qui nous reste à défricher, se sentiroit certainement enflammé du desir d'avancer cette précieuse culture, et les découvertes qu'il faut attendre de quelque hazard heureux, dévanceroient leur époque incertaine, en devenant les fruits de la solli-

---

(a) Combien cette méthode est celle des hommes de génie, la lettre suivante de Leibnitz pourra démontrer: Unde conficitur, tria agi debere ad augendum in nobis naturale Dei lumen. Nimirum, ut primum colligatur notitia rerum egregiarum jam inventarum; deinde ut eruantur adhuc invenienda; denique ut omnia vel inventa vel invenienda referantur ad hymnos summo rerum autori canendos, et incrementum divini amoris, cui charitas erga homines est innexa. Quod si tanta esset mortalium felicitas, ut magnus aliquando Monarcha tria ista tamquam rem suam agenda sumeret sibi, plus uno decennio ad gloriam divinam et beneficia humani generis, quam multis alias saeculis, proficeremus. *Epistola VI. Leibnitzii ad Grimaldum praesidem mathemat. Tribun. in imperio Sinens. in otio Hanov. Joach. Frid. Felleri. Edit. Lips.* 1737. *pag.* 19.

citude et des recherches attentives, guidées par ces traits de lumière.

Je reviens maintenant à mon sujet. La géographie et l'histoire deviennent à chaque pas nécessaires au voyageur qui s'est proposé un but politique; mais afin qu'il retire de ces sciences tout l'avantage qu'elles procurent pour l'observation des hommes et des pays, il faudroit qu'elles fussent enseignées avec plus de précision, et avec une méthode plus raisonnée, qu'elles ne le sont dans bien des instructions particulières et publiques.

La géographie, au lieu d'être un mélange de notions abrégées de matières absolument différentes entre elles, devroit être divisée en mathématique, physique et politique, et chacune de ces parties être traitée séparément.

La géographie physique préparera à l'étude de l'histoire naturelle, comme celle-ci précéderoit avantageusement les connoissances physiques en général. Le jeune voyageur tant en admirant les scènes de la nature, que les collections savantes qui ont été faites de ses produits, ainsi que celles des machines qui analisent ou répètent ses opérations, sentira la nécessité de ces études, et en verra, s'il s'y est appliqué, augmenter considérablement ses lumières et ses connoissances.

La géographie politique devroit ensuite être enseignée de concert avec l'histoire *(a)*, qui en recevroit un nouvel intérêt, comme la géographie seroit animée par l'histoire: une scène devient d'autant plus intéressante, que nous connoissons plus distinctement l'endroit où elle s'est passée, et les lieux reçoivent la vie des actions, et par leur récit s'impriment mieux dans la mémoire. L'histoire, de son côté, bien loin de ne représenter qu'un régistre chronologique de faits, devroit être traitée avec un esprit philosophique qui y fasse trouver la science de la vie de l'homme, la source de son expérience, et le modèle de sa conduite.

L'étude ainsi combinée de l'histoire et de la géographie politique, préparera le plus avantageusement à celle de la statistique. C'est après que l'histoire aura exposé les faits, analysé les causes et représenté les vicissitudes des nations, et les changemens que les pays ont éprouvés, que la statistique saisissant le moment présent, et considérant l'état actuel des pays et des peuples sous tous les points-de-vue, retracera aux yeux du jeune homme ce tableau dont

---

(a) J'ai fait la même rémarque dans mes Lettres sur l'Éducation des Princesses en 1790, et les observations et les réflexions, que j'ai eu lieu de faire depuis sur ce sujet, n'ont contribuées qu'à me confirmer dans mon idée.

ses voyages lui feront voir la réalité, et préparera
par-là les observations qu'il devra faire en étudiant
pratiquement le monde.

La connoissance du droit étant celle des principes
fondamentaux, sur lesquels basent et les institutions
législatives des nations, et les rapports mutuels qu'elles
ont entr'elles, il est nécessaire, que celui qui voyage
pour étudier les loix, les constitutions et les rélations
réciproques des peuples, y soit préparé par ces connoissances préliminaires, et ce ne sera qu'après avoir
achevé les différentes branches qui la composent,
qu'après avoir étudié ces loix anciennes qui entièrement ou en partie forment encore aujourd'hui les
codes de loix des nations civilisées, qu'après s'être
instruit des principes du droit des gens, du droit
public, de celui de la guerre et de la paix, qu'il
passera à l'étude des sciences politiques, tant de
celles qui concernent la prospérité interne des états,
que de celles qui assurent leur considération au dehors.

Enfin la culture des lettres et des beaux-arts contribuera encore essentiellement à rendre les voyages
utiles et agréables; elle disposera l'ame à l'impression
du beau que la nature et les produits des arts offriront
aux yeux du jeune voyageur, et donnera à son esprit
et à son extérieur ce poli, qui rend si recommendable
dans la société, et y prête un relief au savoir et à la

vertu. Mais entre tous les arts, aucun n'est plus important pour le jeune homme qui veut voir des pays étrangers, que celui de la parole. Savoir s'énoncer heureusement, et cela non seulement dans sa propre langue, mais aussi dans celles des pays où l'on veut se rendre, est un des moyens principaux pour voyager utilement. Bacon dit: *voyager dans un pays étranger, sans en savoir la langue, c'est aller à l'école (a)*. Au moins il est sûr, que ceux qui sont dans ce cas, restent privés d'un grand nombre de notions et de renseignemens importans sur les objets qu'ils voient, et sont exposés à en prendre des idées erronées, ainsi qu'à éprouver beaucoup d'autres désagrémens dans le commerce de la vie, que l'intelligence de la langue du pays épargneroit.

Le dessin, outre les agrémens qu'il procure en faisant mieux connoître les produits des différens beaux-arts, et en en augmentant par-là la jouissance, donnera encore au voyageur l'avantage précieux de former le coup-d'oeil, et le mettra ainsi en état d'ébaucher quelquefois le dessin de quelque machine, ou de tout autre objet important dont le souvenir seroit perdu pour lui sans ce moyen. A cet égard je

---

(a) Bacons civil and moral Essays. Ch. 19. of Travel. Vol. 111. of his Works. Edit. Lond. 1740. in fol.

desirerois que l'on ne manquât pas de faire enseigner sur-tout le dessin géométrique aux jeunes gens.

La musique, soit qu'on la considère comme un délassement, qui peut remplir des momens de loisir (nécessaires pour reprendre avec une nouvelle énergie les occupations graves et importantes) soit qu'on la regarde comme un talent qui nous rend agréables aux autres, peut faire partie de la culture d'un jeune homme, et lui procurer encore des agrémens, durant ses voyages : mais s'il l'aimoit passionnément, et qu'il l'exerçât en conséquence, elle ne pourroit en cette occasion, comme dans tout le reste de sa vie, que lui être très-préjudiciable, en détournant son esprit des objets importans de son état et de sa destination, et en dérobant le tems que ses devoirs exigent.

Je connois la haute idée, que dans tous les tems des hommes d'un grand mérite ont eu de la musique ; mais pour qu'elle soit à la culture des hommes, ce qu'ils voudroient qu'elle fût, elle devroit elle-même subir de grands changemens, et occuper alors dans notre système d'éducation une autre place qu'elle n'a obtenue jusqu'ici.

La démarche et le maintien sont les avantages réels que la danse peut avoir pour un jeune homme, il seroit même très-bon de la faire envisager d'abord aux élèves sous ce point-de-vue, pour empêcher que ne la considérant que comme un plaisir, ils ne s'y livrent sans mesure, ou que n'y trouvant pas de goût, ils la négligent totalement, et restent privés des avantages qu'elle a pour former l'extérieur.

L'équitation et les armes sont des exercices nécessaires ; mais c'est à une sage éducation à prévenir le goût immodéré pour le premier, et à donner sur l'usage du second des idées justes et honnêtes.

Un exercice qui n'est pas moins utile quelquefois à sauver la vie de celui qui en a l'habileté, c'est de savoir nager. Il seroit à desirer, que tout homme qui entreprend des voyages, s'y fût exercé.

Après avoir traité des connoissances que le jeune voyageur doit avoir acquises, avant que de se rendre dans les pays étrangers, ainsi que de la culture qui doit avoir formé son goût et ses manières, je ne toucherai que d'un mot l'objet important des moeurs et des qualités du coeur : me reservant d'en parler plus au long dans la seconde partie de ce plan, où il s'agit de la conduite que le jeune homme doit tenir durant ses voyages. Je me permettrai donc ici seulement de remarquer, que les meilleurs préceptes et conseils que l'on pourroit donner à cet égard, deviendroient inutiles, si l'éducation précédente n'avoit cultivé ce côté précieux de la jeunesse.

Des moeurs pures, le goût des choses honnêtes, et le desir de se perfectionner: voilà les qualités morales que doit avoir celui qui veut voyager utilement. Sans les premières, il succombera aux occasions plus multipliées de séduction que les voyages présentent, et sans l'inclination au bien, il négligera de mettre à profit les cas, non moins fréquens, qui s'offriront chez l'étranger, pour s'améliorer et devenir un homme d'une vertu solide *(a)*.

(a) Le plus grand nombre des lecteurs n'étant pas encore habitués à considérer les voyages sous le point-de-vue, où ils sont présentés dans cet ouvrage, il pourroit leur sembler que j'y attache trop d'importance, et ils se croiroient, peut-être, autorisés à dire, que le Plan de connoissances que je viens d'exposer, est celui des études d'un jeune homme, indépendamment des voyages. J'ose donc prier ceux qui me liront de se rappeller, que je considère constamment les voyages des jeunes gens, comme un cours intermédiaire de culture entre l'instruction de leur première jeunesse et leur établissement comme citoyens dans les différens postes qu'ils occuperont dans la société. Mais afin que l'on retire de ce cours tout l'avantage qu'il peut donner: celui d'apprendre à appliquer les théories scientifiques à leurs objets, et les principes moraux et politiques à la pratique des devoirs de la vie sociale, il faut les avoir étudiés soigneusement. Et pour revenir à l'idée du grand Montesquieu, les éducations des parens et des maîtres doivent être aussi parfaites que possibles, pour que l'individu profite bien de celle dont le monde est le lycée, et des voyages bien dirigés, en pourroient être les meilleurs instructeurs. À cela je dois ajouter que si les universités étoient organisées par-tout, comme elles le

SECONDE DIVISION.

Des objets qui contribuent essentiellement à l'utilité des voyages, et dont le choix et la disposition doivent les précéder.

J USQU'ICI je n'ai traitée que de la culture personnelle que le jeune homme doit acquérir avant que d'entreprendre ses voyages, et afin de se les rendre utiles: mais il est encore d'autres objets qu'il faut faire concourir, pour lui faciliter d'atteindre ce but, et lui en faire obtenir l'effet plus parfaitement: c'est ce dont je vais m'occuper.

Homère et Fénélon s'attachèrent moins à nous représenter Télémaque entre les mains de la sagesse dans son enfance et dans sa première jeunesse, que de l'en faire accompagner durant ses courses dans les

---

sont en Allemagne, et que l'usage de les fréquenter y fut commun à toutes les classes, tel que dans ce pays, je me serois bornée à dire, que le jeune homme devroit n'entreprendre ses voyages, qu'en quittant l'université, et qu'après y avoir achevé ses différens cours.

Par la même raison, pour ne pas étendre ce plan jusqu'à le rendre, celui de l'instruction et de l'éducation en général, j'ai omise d'y parler des études des langues mortes, des mathématiques, et d'autres que tout jeune homme qui a terminé ses classes, est censé d'avoir faites préalablement.

f

pays étrangers, parceque cette dernière éducation de l'homme, celle qu'il reçoit du monde, est celle aussi qui exige de la part de celui qui l'y guide, un surcroît de lumière et de prudence.

Dans le précis historique de l'usage de voyager, je me suis permise la remarque, que le jeune homme abandonné à lui-même dans cette époque de sa vie, celle de son entrée dans le monde, pourroit aisément perdre le fruit de sa première éducation; ou s'il est doué d'un naturel assez heureux, pour lutter sans appui contre les dangers et les obstacles qu'il trouvera dans lui-même, et ceux que les circonstances et les occasions lui présenteront, il avanceroit au moins plus lentement qu'il ne le feroit, s'il étoit soutenu par les lumières d'un sage Mentor. Ici j'oserois encore remarquer, qu'un des grands avantages que l'usage de voyager nous présente, mais auquel, peut-être, l'on n'a pas encore attaché toute l'attention qu'il mériteroit: c'est qu'il engage les parens à donner un guide à leurs fils, sous le nom de compagnon et d'ami, dans un âge, où cesse la surveillance des personnes chargées jusqu'alors de leur éducation, et où cependant, tant pour les progrès de l'esprit que pour la sûreté des moeurs, il est très-périlleux de les livrer entièrement à eux-mêmes. Ces considérations sur l'avantage du cas, qui admet un pareil guide, annoncent déja l'importance que l'on devroit mettre à le choisir. J'éloigne de ma mémoire les tristes souvenirs qui s'y présentent, de tant de choix ridicules et malheureux que dans tous les pays l'on a faits si souvent à cet égard. Tantôt c'étoit un militaire, tantôt c'étoit un homme d'église, presque toujours un étranger, que l'on chargeoit de conduire par le monde un jeune homme qui n'étoit destiné à aucun de ces états, qui ne connoissoit point son guide, et n'en étoit point connu ; souvent même ils s'entendoient si peu entr'eux, que l'un ne parloit point, et l'autre que très-difficilement la langue de son compagnon. Sans connoître la patrie du jeune voyageur, et bien des fois également ignorant sur les pays où il le conduisoit, ainsi que sur le monde et ses usages en général ; un tel guide, comme dit Fréderic II. *(a)* :

> Brutalement savant, sans monde, sans manières,
> Déplacé dans le siècle, et manquant de lumières,
> Auroit besoin luî-même, afin qu'on le souffrît,
> D'un maître qui daignât raboter son esprit.

Mais je m'arrête pour qu'il ne paroisse point que je veuille faire la satyre du passé, lorsque je ne suis

---

(a) Epitre à Rothenbourg sur les voyages.

animée que pour le bien qui pourroit se faire. Non seulement celui qui entreprendroit de guider un jeune homme dans les pays étrangers, devroit posséder à un degré éminent les connoissances, qui, comme il a été remarqué plus haut, sont nécessaires pour les observer et en bien juger; mais c'est sur-tout par l'expérience du monde, et par une philosophie pratique de la vie, qu'il doit avoir sur son jeune compagnon tout l'avantage que le tems peut donner.

Le caractère et les moeurs, si essentiels dans tout homme qui est chargé d'environner et de guider la jeunesse, deviennent d'autant plus importans pour celui qui entreprend la tâche dont il s'agit, qu'il n'est plus appuyé de l'exemple et de l'autorité des parens, et qu'il doit seul parer les coups insidieux que sous tant de formes diverses la séduction cherche à porter à l'individu qui débute sur la scène du grand monde. Cependant quelqu'instruit et quelque vertueux qu'il puisse être, il ne parviendra à son but qu'à proportion qu'il saura gagner la confiance du jeune homme qui sera remis à ses soins, et qu'il joindra aux lumières nécessaires pour le guider, et aux moeurs dignes de lui servir d'exemples, assez de bonté d'ame pour s'en faire aimer.

En conséquence l'on sentira quelles difficultés présente le choix d'un homme pour la charge dont il est question, et combien l'on devroit y attacher de précautions et de soins: d'un autre côté, celui qui s'y engage, s'oblige à la plus grande responsabilité ; car il paroît qu'il la contracte, tant vis-à-vis des parens du jeune homme, qu'envers l'état, qui ne sauroit voir indifféremment qu'un jeune individu qui lui appartient, et dont par les avantages attachés à sa condition, il est en droit d'attendre un jour des services importans, aille se pervertir dans les pays étrangers par l'incapacité ou l'immoralité de celui qui l'y conduit.

Par-là l'on voit de même, que le choix des hommes, destinés à servir de guide à la jeunesse durant ses voyages, ne devroit pas être perdu de vue par les gouvernemens, et le droit qu'ils ont de rechercher, et d'exiger toutes les preuves convenables, les mettroit en état de s'assurer, s'ils le vouloient, de l'aptitude de ceux qui seroient proposés pour remplir cette charge. Mais afin que des personnes capables de satisfaire aux justes prétentions et des parens et des gouvernemens à cet égard s'y engageassent, il faudroit que les uns et les autres cherchassent à les y déterminer par des avantages proportionnés aux services que l'on en attend.

Les cours de la première éducation de l'homme demande, pour ainsi dire, la vie entière de l'individu qui s'y voue, et d'après l'avis des juges les plus compétens, la carrière n'en peut être fournie qu'une seule fois par le même. La tâche de guide d'un jeune homme durant ses voyages pourroit, au contraire, être remplie plusieurs fois par le même sujet, et avec tout l'avantage d'une plus grande expérience dans l'art de voyager, d'une connoissance plus exacte des pays, et d'une facilité plus heureuse à traiter avec les jeunes gens, qui s'acquière principalement par l'usage. Si donc les parens se convainquoient du devoir de ne pas mettre les conditions que l'on feroit à un tel sujet au nombre des articles sur lesquels l'on peut épargner ; si enfin le gouvernement sur-tout considéroit celui qui se seroit dévoué avec succès pendant un certain nombre d'année à cette partie de la culture de la jeunesse, comme ayant bien mérité de la patrie, et lui conférât une charge à cette considération ; (et certainement la masse d'idées qu'un homme acquerroit par ce moyen, ne pourroit que le rendre très-utile dans bien des emplois) on verroit des gens d'un mérite distingué se présenter pour remplir les devoirs d'une charge aussi glorieuse, qu'est celle de mettre la dernière main à l'ouvrage de la culture de l'homme, et d'en couronner en quelque manière les succès.

Les adresses que l'on procure à un jeune homme

pour les pays étrangers, sont presqu'autant de guides
de plus qu'on lui donne, et leur bon ou mauvais
choix peut contribuer essentiellement à faire réussir
ou échouer un plan de voyage.

C'est-là encore un de ces objets dont l'usage qu'on
en a fait jusqu'ici, nous présente de fréquens abus.
Combien souvent n'est-il pas arrivé que l'on a cru
d'avoir satisfait à toutes les obligations vis-à-vis
d'un jeune homme à cet égard, dès qu'on lui avoit
ménagé les mêmes divertissemens qu'il avoit dans
son pays, et qu'on lui faisoit retrouver les dîners,
les soupers et assemblées qu'il venoit de quitter. Ce
n'est point cependant mon intention, que le jeune
voyageur s'interdise de fréquenter les sociétés d'a-
grémens des pays qu'il verra, mais il ne le devroit,
qu'autant que le lui permettront ses occupations plus
essentielles.

Les objets que l'on se propose d'observer dans
les pays étrangers, devroient décider du genre des
adresses que l'on s'y procure; d'après ce qui a été
remarqué jusqu'ici, sur ce qui devroit fixer l'attention
d'un jeune homme dans les pays où il voyagera, il se
trouve indiqué aussi de quelle sorte devroient être les
adresses dont on le muniroit. Ainsi l'homme d'état,
le savant, l'artiste, le négociant, le manufacturier et
le fermier, sont principalement ceux, sur lesquels

il faudroit diriger ses vues à cet égard. L'objection que l'on pourroit faire, que dans les pays étrangers, les gens de mérite de ces différentes classes ne seroient guères disposés à s'entretenir avec de jeunes voyageurs, m'engage à y répondre, et à remonter à la source de cette indifférence envers les étrangers, je crois la trouver dans ce qu'il ne s'est point établi encore jusqu'ici une idée générale et précise sur l'usage de voyager des jeunes gens, ni par conséquent sur les obligations que l'on a envers eux. Dans certains pays, on borne les vues des voyageurs, à admirer les ruines de l'antiquité, comme jadis dans d'autres l'on croioit qu'ils ne s'y rendoient que pour apprendre à s'habiller et à se présenter avec grace. Par-tout, plus ou moins, l'on confond tous les buts dans un seul que déterminent des circonstances locales, quelquefois des préjugés nationaux. Si une idée vraie que la société humaine adopte, est un pas vers un état de culture plus parfait, celle qui feroit envisager les voyages des jeunes gens sous le vrai point-de-vue, qui fixeroit ce qu'ils doivent être dans le système de l'éducation de l'homme, seroit d'une utilité d'autant plus grande, que son objet est plus important, en réformant un usage qui a passé en abus, et en réduisant à ses vrais principes.

Cette idée que généraliseroient plusieurs des moyens déja proposés , mais sur - tout l'instruction publique , seroit celle qui pourroit amener , qu'un jour les peuples civilisés s'accordassent sur la maxime philantropique , de regarder le voyageur comme un dépôt précieux de la nation à laquelle il appartient , et qu'elle confie en quelque sorte à celle chez laquelle il se rend ; que son but étant le vrai et le bien , le devoir que l'on a envers lui , est de lui faciliter la connoissance de l'un et de l'encourager à la pratique de l'autre. L'homme le plus grave ne pourroit se refuser alors à s'environner d'une jeunesse intéressante , à se prêter au desir de s'instruire qu'elle lui témoigneroit , et à travailler ainsi de concert avec les personnes les plus respectables de chaque nation , à la culture humaine , par une association nouvelle et plus harmonieuse , que toutes celles qui se sont jamais formées à cette fin.

Loin qu'on puisse approuver l'usage de faire suivre un jeune homme de plusieurs domestiques , il seroit , au contraire , à souhaiter , par les raisons les plus fondées , que l'on retranchât cette dépense inutile , pour s'en assurer un seul , honnête , habile. et actif par une gratification convenable ; car, quoiqu'un domestique ne doive pas se mêler de guider son jeune maître , cependant , s'il avoit une mauvaise conduite , un esprit d'intrigue et de séduction , il ne laisseroit pas de devenir l'obstacle le plus grand, et même insurmontable aux soins et aux conseils d'un guide, quelqu'éclairé, vigilant et zélé qu'il pût être.

Enfin il reste à parler d'autres préparatifs et d'autres dispositions nécessaires pour le genre de voyage dont il s'agit, et qui regardent l'instruction et la conservation de celui qui l'entreprend, ainsi que la commodité dans le transport, tant des personnes que des choses et différens autres articles de ce genre. Mais outre que dans la plupart des langues modernes, il y a des ouvrages écrits à l'usage des voyageurs, qui renferment des avis sur ces matières; il paroît encore, quant aux précautions qui concernent la santé, que l'on devroit consulter un homme de l'art qui connût l'individu, et par rapport aux autres, on feroit bien de se conformer aux conseils des personnes qui auroient voyagé dans les pays où l'on veut se rendre, et qui, par leur propre expérience, sont au fait des inconvéniens que l'on y rencontre, et des moyens de les éviter.

Je me bornerai donc à parler des dispositions à faire pour les voyages, qui ont rapport à l'instruction du jeune homme, et qui, comme autant de moyens de plus, pour en faciliter le but, doivent les précéder.

Un choix des meilleures cartes géographiques et

topographiques des pays que le jeune voyageur doit parcourir; un pareil choix des ouvrages statistiques et politiques, ainsi que des descriptions de voyages de ces pays, font une partie essentielle des effets dont devroit être muni durant ses voyages, celui qui les entreprend de la manière et pour le but dont il est traité ici; et en se bornant dans ce choix, à ce qui est le plus parfait dans chaque genre, on ne risqueroit pas d'en augmenter le nombre, au point d'en rendre le transport pénible. On éviteroit encore cet inconvénient, si lorsque les voyages sont longs, et que l'on se rend dans plusieurs pays de suite, on se munissoit dans celui que l'on va quitter, de ce dont on aura besoin dans l'autre où l'on veut se rendre. Dans une grande partie de l'Europe, le commerce des livres rendroit ceci pratiquable.

Outre les livres et les cartes dont il a été fait mention, un étui contenant les instrumens de mathématiques, un thermomètre, un des baromètres, soit de Deluc ou de Rosenthal, qui sont réglés pour les voyages, et une plume portative : voilà à peu près à quoi se réduisent les objets qui peuvent être nécessaires à l'instruction et aux observations du jeune voyageur *(a)*.

(a) Dans le guide des voyageurs par M. Reichard, pag. 97 du

Après ce qui a été dit des connoissances que le jeune homme doit avoir acquises des pays étrangers, avant que de s'y rendre, il paroît superflu de remarquer, que la lecture des ouvrages dont on vient de parler, doit précéder l'usage qu'il en fera durant ses voyages. Mais une occupation, qui, plus que tout autre moyen, rendroit cette lecture utile, en gravant mieux dans la mémoire de celui qui s'en occupe les notions qu'il y a prises, et qui, y mettant un ordre systématique, en feroit par-là mieux saisir l'ensemble: ce seroit la méthode, qui, je crois, n'a pas encore été proposée, et dont il a été parlé dans le précis historique, celle de tracer d'après les meilleurs ouvrages, des tableaux statistiques et politiques des pays dans lesquels on voudroit se rendre.

Rien ne facilitera plus au jeune voyageur l'observation des objets qu'il doit étudier pratiquement chez l'étranger, que d'en avoir pris d'avance des idées vraies et des notions exactes, rien ne le garantira mieux aussi de la confusion des idées, qu'éprouvent ceux qui voient à la fois beaucoup d'objets nouveaux, que de s'être en quelque sorte familiarisé avec ces objets, par la connoissance précise et dé-

---

second tome, se trouve la description d'une pareille plume, ainsi que la planche II. en présente un dessin très-exacte.

tàillée qu'il auroit cherché préalablement à s'en procurer. L'ordre mécanique à observer, en traçant ces
tableaux, seroit de marquer d'un nombre et d'une
lettre, ou d'un autre signe équivalent, chaque article
qui y seroit inséré: vu que l'itinéraire que le jeune
homme écrira durant ses voyages, et qui ne sera en
quelque façon que la vérification du tableau, doit
avoir les mêmes signes, pour que ces deux ouvrages
qui correspondent ensemble, quant à la matière qu'ils
traitent, et qui ont un but commun, puissent être
collationnés avec la plus grande facilité. Les articles
sur lesquels on ne trouveroit pas dans les livres que
l'on auroit consultés, des renseignemens suffisans,
devroient être indiqués dans le tableau, outre le
signe mentionné, par un exposé succint, qui annon-
ceroit les notions qu'il seroit desirable d'en obtenir;
et le jeune observateur, secondé de son guide, s'appliquera par la sollicitude de ses recherches, à y
répondre dans son itinéraire.

Quelqu'exactes que soient les descriptions que
nous avons de certains pays, à l'usage des voyageurs,
telle que celle de l'Allemagne par M. Gilbert, je
souhaiterois cependant, que l'on ne se dispensât pas
pour cela de l'occupation proposée, qui procureroit
des avantages aux jeunes gens, que la simple lecture
ne sauroit jamais donner. Avec combien plus de

clarté doit-on concevoir l'idée, qu'il faut retracer sur le papier, que celle que l'on apperçoit dans l'ouvrage d'un autre ; sans parler de l'obligation que les jeunes gens destinés à manier un jour la plume dans des écrits politiques, ou à juger de ceux des autres, ont de se rendre habiles dans cet art, ni de l'avantage précieux que procureroient de pareils exposés de l'état d'un pays, pour former en matières politiques, le coup-d'oeil de celui qui s'y exerceroit, et agrandir généralement sa manière de voir.

Il reste en dernier lieu à répondre à plusieurs questions, sur lesquelles il faut être décidé, avant que d'entreprendre les voyages.

Le devoir auquel chaque homme est tenu de se rendre utile à la société à laquelle il appartient, doit déterminer le choix des pays, que les jeunes gens verront de préférence. C'est donc l'intérêt de la patrie, qui décide de la question, dans quels pays il faut voyager, soit que l'on considère cet intérêt d'après les rapports relatifs des nations entr'elles, soit que l'on ait égard à la civilisation et à la culture supérieure, qui en distinguent quelques-unes, et dont la fréquentation en devient par-là plus avantageuse à celui qui voyage pour se former.

Pour des philosophes, des législateurs, il est hors de doute, qu'une nation barbare, qu'une nation qui

travaille à se civiliser, peuvent offrir dans la variété des loix, des usages et des moeurs, les observations les plus intéressantes. Mais ce n'est point
pour cette classe de voyageurs, que cet ouvrage est
écrit.

Si dans le précis historique, en proposant le cours
d'instruction des voyages, il a été prouvé que la
connoissance plus exacte du propre pays du jeune
voyageur, (outre l'obligation qu'il a de l'acquérir)
lui serviroit encore de mesure de comparaison, pour
observer les pays étrangers, et en bien juger; ici je
dois remarquer, que cet ordre devroit être également
ment observé quant aux voyages mêmes. Non seulement il faudroit voir les villes principales de sa
patrie, mais encore les provinces. Plus ces voyages
pour lesquels l'on a des facilités, (qui ne peuvent
s'obtenir chez l'étranger) seront bien exécutés, mieux
s'acquittera-t-on de ceux, qui se feront dans les
autres pays.

Quoique l'on ne puisse soumettre le tems que l'on
donnera aux voyages, à un calcul rigoureux, néanmoins il sera bon, avant que de les entreprendre,
de tracer un plan, tant pour l'ordre dans lequel ils
doivent se suivre, que par rapport à leur durée en
général, et en particulier à celle du séjour que l'on
fera, dans tous les endroits remarquables. Ce n'est

point, je le répète, que l'on doive s'y attacher scrupuleusement; l'attente d'une plus grande utilité exige même quelquefois que l'on s'en détourne. Mais lorsque l'on a un plan, on se rend mieux raison des causes qui nous déterminent, au lieu que chaque circonstance qui se présente, nous entraîne si l'on en manque. Au reste, quoiqu'il fût à souhaiter, que tout homme puisse donner plusieurs années aux voyages; si néanmoins quelque chose obligeoit à les abréger, il faudroit retrancher dans son plan, sur le nombre des pays, ou des endroits que l'on auroit projetté de voir, mais jamais prendre sur le tems nécessaire à l'observation. Un seul pays, vu avec attention, donnera plus de lumières, formera mieux le jugement d'un jeune voyageur, que s'il en avoit vu un grand nombre vaguement et superficiellement. Ce n'est point le nombre des objets, mais la manière de les voir, qui décide principalement de l'utilité des voyages.

Quant à l'âge que doit avoir le voyageur dont il est question, il paroît que la réponse à cette demande est déja indiquée, et par la culture qui en a été exigée, et par le voeu que je forme, que les voyages puissent remplir la lacune qui se trouve entre l'éducation scientifique des jeunes gens, et leur établissement dans le monde : c'est donc à vingt ou vingt-et-un ans environ, (car il seroit bien desirable que l'on ne terminât pas plutôt les études académiques) que se rapporteroit l'âge convenable pour le genre de voyages dont ce livre traite.

Enfin il reste à examiner, s'il est plus avantageux qu'un jeune homme, accompagné de son guide, voyage seul, ou s'il est préférable, que, sous la direction du même, il se trouve associé avec plusieurs autres jeunes gens de son âge. En s'occupant de ce problême, l'on apperçoit d'abord les avantages les plus attrayans, comme resultans de cette association: le concours de différentes manières de voir, les observations multipliées, l'émulation, la sensibilité alimentée par l'amitié, sont autant d'effets qui semblent devoir en naître. Mais il en est de ce cas, comme de tous ceux dont le bon succès nous procure un bonheur supérieur, et qui ne supportant pas de milieu, nous précipitent dans le malheur au même degré, s'ils échouent. Autant les avantages allégués, comme provenans de l'association de plusieurs jeunes gens durant leurs voyages, sont desirables en eux-mêmes, autant aussi seroient incalculables les maux, qui proviendroient d'un mauvais choix de personnes en cette occasion. C'est donc là un des objets, qui en présentant à l'esprit des apparences bien avantageuses, est cependant en pratique très-sujet à manquer; et l'on n'oseroit le proposer, que dans le cas, où les parens seront aussi certains de l'éducation, du caractère et des moeurs des autres jeunes gens, qu'ils le sont de leur propre fils sous tous ces rapports. Le guide, qui les dirigeroit en commun, devroit également juger de leur aptitude à voyager ensemble, tant d'après les considérations exposées, que selon l'uniformité du but de leurs voyages.

SECONDE PARTIE.

OBSERVATION GÉNÉRALE.

Avant que d'exposer mes idées et mes avis sur la manière de diriger un jeune homme dans les pays étrangers, tant pour ce qui regarde son instruction que pour sa conduite, je desire de prévenir, ou au moins de répondre à une objection, qui, sans doute, me sera faite, attendu que les opinions et les usages reçus parmi un grand nombre des personnes, portent trop à la suggérer : *c'est que diriger la jeunesse, comme je le propose, ce seroit perpétuer l'enfance, conduire un jeune homme à la lisière, le rendre pour jamais bon à rien, par la raison qu'il n'auroit pas appris à agir par lui-même.* J'entreprends donc de me justifier préalablement sur ce sujet, et je le ferai en remontant à la source du raisonnement de mes adversaires. Je crois la trouver dans un défaut que présente notre système de culture : défaut que j'ai relevé à plusieurs reprises, et que je ne puis mettre assez sous les yeux de mes lecteurs, le but de cet ouvrage étant de le faire remarquer, et en même tems de proposer un moyen propre à l'éviter.

h 2

Les qualités du jeune homme, dans l'âge où je le considère, soit du côté de l'intelligence, soit du côté du sentiment, l'instruction et la direction qui en conséquence lui sont particulières, les rapports enfin de la jeunesse aux âges qui l'ont précédée et à ceux qui la suivent, n'ont pas encore été déterminés, avec cette précision, que nos progrès *dans cette branche de la philosophie, qui a pour objet la connoissance de l'homme,* auroient rendu possible, et que l'intérêt pour le bonheur de l'humanité (qui dépend si essentiellement de cet âge) auroit rendu nécessaire. Aucune époque de la vie de l'homme n'a été considérée plus vaguement, dans le plan général de sa culture, que celle de la jeunesse, dans le sens que je viens d'indiquer. Les soins qu'on lui doit, sont regardés comme contenus parmi ceux que l'on prend d'un âge plus tendre, tandis que de vouloir former l'homme par l'éducation donnée à l'enfance et à l'adolescence, (sans considérer, selon toute son importance et sa capacité, cet âge où se perd la première partie de la vie de l'homme et où commence la seconde) c'est vouloir arriver au terme par un saut. L'expérience prouve, que le jeune homme, abandonné à lui-même, bien loin de faire des progrès en culture, fait des pertes; il oublie les études qu'il avoit entreprises, et en se croyant libre, il n'est que libertin. Arrivé à la maturité de l'âge, et occupant le poste qui lui est désigné dans la société, combien d'efforts devra-t-il employer pour se rendre utile et devenir estimable à ses propres yeux! Efforts dont il seroit cependant incapable, si sur-tout dans l'âge qui précède cette époque, il n'en avoit pris l'habitude par une application sérieuse et constante, tant à ses devoirs moraux, qu'à l'instruction qui lui est nécessaire *(a)*. Quiconque aura approfondi ces vérités, autant qu'elles le méritent, avouera qu'aussi peu que l'on pourroit trouver que l'homme adulte surveillé par les loix soit conduit à la lisière, aussi peu oseroit-on porter ce jugement, en voyant un jeune homme guidé par l'expérience d'un ami éclairé, et obligé d'apprendre ses devoirs comme homme et

---

(a) Une des opinions les plus nuisibles à mon avis dans l'éducation, et qui de nos jours n'a que trop prise, c'est celle qui paroît admettre la possibilité de cultiver l'intellectuel et le moral de l'homme, sans lui faire partager, selon la portée de son âge, les peines que cette culture exige. Combien cette opinion, et tant d'autres, qui tour-à-tour influèrent sur l'éducation, ont arrêté ses progrès, tant pour la théorie que pour la pratique: ce seroit à une histoire raisonnée des différens systêmes d'éducation, à le prouver. Cet ouvrage, qu'une plume plus habile que la mienne devroit entreprendre, est un projet que je médite néanmoins depuis long tems, et que des circonstances, sur-tout ma santé, m'ont empéché d'exécuter; mais j'espère que l'avenir me mettra en état de remplir cet engagement envers le public.

citoyen avant que de les exercer. Chaque âge exige une éducation particulière. Ces différentes éducations, contenues dans le système général de la culture de l'homme, doivent se suivre et se prêter la main ; mais aucune ne peut rendre la précédente inutile, ni la suppléer. La lacune qui s'y rencontreroit, détruiroit, et les fruits des soins donnés aux premiers tems de la vie, et la base de l'espoir pour ceux à venir.

PREMIÈRE DIVISION.

Des objets que le jeune voyageur doit observer durant ses voyages.

LES objets sur lesquels porte la culture dont il a été traité dans la première partie de ce Plan, comme devant précéder les voyages, pour qu'ils soient utiles, indiquent ceux qui doivent occuper, durant ce cours, l'attention et l'observation du jeune voyageur. Il a appris jusqu'ici à connoître les élémens dont sont composées ces sociétés, qui considérées dans les limites de l'espace qu'elles occupent, et sous les rapports des loix et du gouvernement qui leur sont propres, portent le nom d'état. Il s'agit à présent qu'il en voie par lui-même les détails civils, économiques et politiques. La théorie de ces détails a été l'objet de ses études, la pratique deviendra durant son séjour dans les pays étrangers celui de son attention et de son observation. La marche de l'esprit, pour obtenir les connoissances dans l'un et l'autre de ces cas, est cependant toute opposée. Dans le premier, il a analysé les différentes parties qui composent les sociétés pour arriver à l'idée d'un état; maintenant c'est de cette idée qu'il part pour observer toutes les parties qu'elle renferme. Il va comparer durant ses voyages, sous tous les rapports, la situation des divers pays à l'idéal d'un état, résultat de ses études; et ce qui va suivre, développera et facilitera peut-être cette opération.

Un grand observateur dans le genre qu'il s'est choisi, et dont les remarques sur d'autres points sont remplies de sagacité, Arthur Young dit: „Plus „on voit de choses, plus on est porté à penser qu'il „n'y a qu'une seule cause toute puissante, qui influe „sur le genre humain, c'est le *gouvernement*." Et c'est dans cette grande cause qu'il faut envisager tout le reste. Dans les vastes champs des détails civils, économiques et politiques d'un état, le sage observateur dirigera toujours vers ce grand principe les vues de celui qui lui est confié, il cherchera le gouvernement par-tout, parceque tout en est modifié.

Un guide éclairé conduira ainsi le jeune voyageur dans tous les endroits, où la civilisation, la culture et le bonheur d'un peuple se manifestent par les soins du gouvernement.

Il observera donc toutes les mesures prises pour maintenir les loix, garantir la sûreté publique, protéger les moeurs, prévenir les délits, satisfaire aux besoins diminuer les malheurs etc. Dans les endroits où le public peut jouir de l'accès aux tribunaux, il

doit les fréquenter, et par-tout s'instruire de l'état
des prisons, des maisons de force, et autres endroits
où la justice exerce sa sévérité contre ceux qui en-
freignent les loix; il doit examiner comment s'exé-
cutent les réglemens de police, et quelle est la nature
des moyens administrés à la classe des indigens, pour
les faire subsister par le travail, s'ils en sont capables,
ou par des secours, s'ils ne le sont pas. Les établissemens publics de travail et d'industrie, institués dans
de pareilles vues, les maisons destinées pour les
orphelins et les enfans-trouvés, enfin les hôpitaux,
soit ceux où l'humanité souffrante trouve des soula-
gemens, soit ceux où la vieillesse est secourue, sont
des objets auxquels le voyageur bien dirigé vouera
toute l'attention nécessaire. De même il recherchera
quelles sont les précautions prises pour des cas de
malheurs publics, tant pour en arrêter les progrès
que pour en prévenir l'événement, telles que les
incendies, les inondations, les maladies épidemiques
etc. Il s'informera encore soigneusement des secours
prêtés dans toutes sortes d'accidens malheureux, soit
par des établissemens du gouvernement même, soit,
comme dans certains pays, par des sociétés qu'il
favorise. Enfin il observera tout ce qui a rapport au
bien de l'humanité, et s'appliquera à n'ignorer aucun
des moyens, par lesquels l'ordre, la tranquillité et

le bien-être public sont assurés. Avec un soin égal à celui qu'il aura employé pour s'instruire des divers objets dont il a été parlé, le jeune voyageur recueillera aussi toutes les preuves de la sollicitude du gouvernement, pour faciliter et répandre l'instruction et la culture. Les écoles publiques, les collèges ou instituts d'éducation, les universités, les assemblées littéraires, les bibliothèques publiques et les collections de différens genres, les magasins des libraires, les académies des beaux-arts, sont principalement les objets qu'il devra observer à cet égard, avec la plus grande attention *(a)*. Mais tant par rapport aux recherches à faire relativement à la culture d'un pays, que par rapport à son état civil, il ne faudroit pas se borner aux seules capitales; souvent les établissemens de ces genres que l'on y trouve, contrastent singulièrement avec la négligence qui se manifeste sur ces points dans les provinces; et l'on ne pourra connoître l'état d'un pays, et en juger, qu'en observant l'accord

---

(a) Je ne m'étenderai pas davantage ici sur ces objets, ayant essayé de les présenter dans la Table qui accompagne cet ouvrage, avec l'ordre, le choix et la précision, qui m'ont imposé une tâche plus difficile à remplir, que celle d'augmenter le volume de mon ouvrage par de longs raisonnemens sur ces différentes matières, mais dont aussi, si j'osois me flatter d'y avoir réussie, l'utilité en sera bien supérieure.

ou le contraste qui y regne dans les différentes parties de l'administration.

Il y a cependant des parties dont la pratique est exclusivement attachée à un certain local. C'est dans les provinces, et sur-tout à la campagne, que l'on obtiendra les notions nécessaires sur l'agriculture, sur l'économie rurale, et sur la plus grande partie des manufactures et des fabriques. Quant au commerce, il faut l'observer dans les provinces, ainsi que dans les capitales. Mais le théâtre où il se montre, et où il présente un coup-d'oeil frappant pour celui qui l'envisage pour la première fois, sont les ports de mer. On ne devroit point négliger de faire observer à un jeune homme, cette scène, où se déploye dans toute sa vigueur la branche la plus étendue et la plus importante de l'activité des peuples civilisés. Il en retireroit sûrement plus de fruits, que de ces cérémonies qui se répètent à certaines époques dans différens pays, et où la bizarrerie n'en impose que par sa vétusté.

C'est dans les capitales ensuite que l'on pourra s'instruire plus particulièrement des détails politiques. C'est-là que l'organisation des différens départemens, l'administration des finances, l'état des banques publiques, et l'esprit des négociations avec l'étranger, se manifestent, et doivent être observés par ceux qui veulent étudier pratiquement ces objets.

Enfin les moeurs et le caractère d'une nation, objets qui tiennent si étroitement à ceux dont il a été parlé jusqu'ici, doivent occuper encore particulièrement l'attention du voyageur. Et quoique l'art de juger du caractère des peuples par l'analyse de toute ce qui en porte l'empreinte soit, même dans l'histoire, encore peu avancé, et que, comme dit si bien M. le Comte de Stolberg dans son voyage d'Italie, un voyageur, qui a de la prudence, soit bien éloigné de porter un jugement sur le caractère d'une nation, sans avoir pu l'observer par une attention suivie durant plusieurs années, et dans des événemens et des cas divers; néanmoins, tout en éloignant le jeune voyageur de porter ce jugement téméraire, on le rendra attentif à toutes les occasions, où le caractère et la façon de penser et de sentir d'un peuple se manifestent. L'énumération de ces occasions seroit trop longue: je me bornerai à remarquer, que ce sont sur-tout les coutumes et les usages, tant religieux que civils des peuples, qui fournissent d'amples matières à des observations instructives sur ce sujet. Les divertissemens publics, particulièrement les théâtres, sont encore très-intéressans sous cette considération; mais généralement les scènes qui prêtent à cette étude, sont innombrables, parcequ'il n'y en a presque point dans la vie sociale qui ne soient marquées du timbre du caractère national. Rousseau dit: „Toutes les capitales se ressemblent, tous les „peuples s'y mêlent, toutes les moeurs s'y con- „fondent, ce n'est pas là qu'il faut aller étudier les „nations. C'est dans les provinces reculées, où il y „a moins de mouvement, de commerce, où les „étrangers voyagent moins, dont les habitans se „déplacent moins, changent moins de fortune et „d'état, qu'il faut aller étudier le génie et les moeurs „d'une nation." Quoiqu'il soit très-vrai, que le caractère d'une nation est plus prononcé dans les provinces que dans les capitales, cependant aussi dans ces dernières, et même dans les cercles et divertissemens des personnes d'un certain état, où il regne le plus de rassemblance, le caractére national y perce encore d'une façon très-marquée. Peut-être seroit-il permis de tourner contre Rousseau ses propres armes, en appliquant à son opinion: „Que „l'on ne peut observer les différens caractères na- „tionaux dans les capitales, parcequ'elles se res- „semblent." Ce qu'il dit ailleurs à ceux qui prétendent *que les hommes étant par-tout les mêmes, qu'ayant par-tout les mêmes passions et les mêmes vices, il est assez inutile de chercher à caracté-*

riser les différens peuples: „Que ce seroit à peu „près aussi bien raisonner que si l'on disoit que „l'on ne sauroit distinguer pierre d'avec Jacques, „parcequ'ils ont tous deux un nez, une bouche et „des yeux." C'est précisément cette teinte caractéristique, qui s'imprime aux actions sur lesquelles les peuples paroissent s'accorder le plus, et qui les modifie néanmoins si différemment, qui prouvera aux yeux de celui qui saura la saisir, la force du caractère national.

Mais pour observer le caractère, la façon de penser, les usages d'un pays, il est indispensablement nécessaire de traiter avec des personnes de différentes classes, d'état et de genre de vie divers, et de se procurer, comme il a déja été remarqué, des adresses analogues à la nature de ces objets.

Il est incontestable qu'il faut plus de tems pour voir un seul pays de cette manière, qu'on n'en a employé jusqu'ici pour en parcourir plusieurs. Mais l'on ne sauroit se répéter assez, qu'il vaut mieux s'instruire par une attention et une observation suivie des détails civils, économiques et politiques d'un seul pays, que de faire des courses multipliées que dicte la mode, et qu'on exécute avec une frivolité digne de ce but.

Les beautés de la nature, les chefs-d'oeuvres des

beaux-arts, dont plusieurs pays abondent préférablement à d'autres, mais qui se trouvent cependant en
assez grand nombre dans tous les pays principaux
de l'Europe, pour pouvoir cultiver le goût d'un
voyageur bien dirigé, et varier ses occupations sé-
rieuses, doivent aussi faire partie des objets de son
attention par-tout où ils les rencontrera: la jouissance que donne le goût du beau dans la nature et
dans l'art, qui repose l'ame sans l'assoupir, la délasse
des raisonnemens graves de la vérité, pour les répéter
par l'organe du sentiment, et qui répand, par le
souvenir du bonheur momentané qu'elle nous a pro-
curé, un charme sur toute la vie, cette jouissance
ne sauroit être assez appréciée dans le système de
la culture de l'homme.

SECONDE DIVISION.

De la méthode avec laquelle il faut faire les observations proposées.

Quoique le guide, que cet ouvrage suppose diriger un jeune homme dans ses observations durant ses voyages, soit censé connoître la méthode, par laquelle il les lui fera faire avec le plus de facilité et de perfection possible; néanmoins il est du plan de ce livre, d'entrer aussi en matière sur ce sujet. Tout ce que l'on pourroit dire à cet égard, laissera toujours encore au guide une tâche aussi difficile qu'importante à remplir : celle d'adapter à la portée des talens et du caractère de l'individu qui est confié à ses soins, les méthodes proposées.

Plus on se sera appliqué à mettre de la clarté et de la précision dans les idées sur les objets qui doivent fixer l'attention dans les pays étrangers, mieux réussira-t-on à les observer, lorsqu'on les aura sous les yeux. Ainsi tout ce qui a été prescrit là-dessus, en traitant des études et des exercices préliminaires, y contribuera le plus essentiellement. Cependant il est encore nécessaire de remarquer, que chaque fois que le jeune voyageur sera dans le cas d'observer quelqu'objet important, il doit par la lecture et l'usage des tableaux statistiques, dont il a été parlé ailleurs, rappeller à sa mémoire toutes les notions qui y sont relatives. En un mot, il ne doit entreprendre aucune observation importante, sans s'y être préparé, en rassemblant toutes les idées qui peuvent la faciliter et la rendre plus parfaite.

Quoique le hazard soit quelquefois favorable aux voyageurs, et qu'il fût ridicule de ne pas profiter d'une occasion qui se présenteroit d'elle-même pour quelqu'observation intéressante; néanmoins, comme l'ordre aide la mémoire, facilite encore l'intelligence des objets, quand ils se suivent selon les rapports naturels qu'ils ont entre eux, et fait gagner du tems, dont le voyageur ne sauroit être trop économe, il est indispensablement nécessaire, de faire chaque jour une note dans son journal sur ce que l'on pourra journellement se proposer d'observer, et c'est le jugement qui doit en alligner les objets, de manière qu'une observation mene à l'autre. L'itinéraire, dont il sera parlé plus au long dans la troisième partie de ce Plan, servira à vérifier ces tableaux des pays étrangers, que le jeune homme aura tracés préalablement, pendant que par son journal, il doit se rendre compte tous les jours des observations qu'il s'y sera proposé de faire. Par ce moyen il se garantira de l'oubli en soulageant sa mémoire, et se préservera du dégoût que l'on éprouve, lorsqu'il s'agit de rédiger un grand nombre de remarques faites sans ordre et sans méthode.

L'attention et le jugement sont absolument nécessaires à un bon observateur, et ce qu'on ne peut exiger à cet égard du jeune voyageur, on doit l'attendre de son guide. L'art de l'observation, qui est la base de toutes les sciences, est aussi celle de la science de voyager, et toutes les regles que la philosophie prescrit, pour constater la vérité des faits, doivent être pareillement observées par le voyageur, dans la recherche des notions, sur les objets qu'il desire de connoître. Etre libre de tout préjugé, soit à l'avantage, soit au désavantage de l'objet dont on veut s'instruire, l'observer à plusieurs reprises, le considérer sous les divers points-de-vue qu'il présente, consulter des personnes qui ont des rapports différens à ce même objet, dans les cas où le témoignage des autres est nécessaire, sont des regles générales, dont ne sauroit s'éloigner celui qui veut acquérir des connoissances solides. Mais il est des choses, qui, d'un côté, à cause de l'importance qui y est attachée, et de l'autre, par la difficulté que l'observateur trouve à les approfondir, exigent encore une précaution particulière. De ce genre sont sur-tout

les institutions et les établissemens, dont il faut rechercher la bonté réelle en observant les effets qu'ils
produisent sur le bien-être public. Souvent les effets
contrastent singulièrement avec les apparences que
présentent ces objets, et l'on pourroit proposer
comme une remarque fondée sur l'expérience, que
plus il y a d'appareils dans un établissement, plus
les institutions sont pompeuses et fastueuses, et plus
aussi faut-il être sur ses gardes, et examiner sévère-
ment, si elles atteignent le vrai but pour lequel elles
sont formées; leur prix intrinseque, l'utilité, étant
en pareils cas souvent sacrifié à l'ostentation.

Enfin il ne faut pas mettre moins de soin et d'attention à éviter les fautes contre l'art d'observer,
qu'à en pratiquer les regles. Voir trop d'objets, ou
même embrasser trop de détails d'un objet à la fois, ne
peut que nuire à la clarté et à l'exactitude. L'observation trop prolongée, jointe à l'agitation du physique inséparable des voyages, produit à la fin, pour
me servir de l'expression d'un illustre Savant d'Allemagne *(a)*, une espèce de vertige par lequel les objets
se déplacent et se confondent dans l'esprit. Il est

(a) M. Meiners Conseiller et Professeur de philosophie à Gottingue
dans la description de son voyage en Suisse, pag. 161, seconde
édition, Berlin 1788.

donc nécessaire de faire de tems à autre une pause durant un long voyage. Non seulement l'ame aura le tems de se recueillir, et les sens fatigués par des observations trop suivies, auront celui de reprendre leur élasticité; mais ces intervalles sont encore indispensables, tant pour rédiger le journal des voyages avec plus d'ordre qu'on ne l'a pu faire, occupé de l'observation même, que pour relever des circonstances de détail, et faire des remarques qui échapperoient pour jamais à la mémoire, si le fil des idées étoit une fois rompu par la force des nouvelles impressions. Ce sera donc sur-tout, après avoir achevé une partie de son voyage, et s'être mis par-là à même de terminer la série des observations faites dans un pays, ou selon le plus d'étendue et de variété qu'il présente, dans une de ses parties, que ce tems de recueillement doit avoir lieu. La campagne, à tous égards, paroît être le séjour qui y soit le plus propre. C'est là que l'ame retrouvera le calme, que les sens reprendront leur vigueur, que l'on mettra à profit les observations faites, et que l'on se préparera à celles qui restent à faire.

TROISIÈME DIVISION.

De la conduite durant les voyages.

Vertu! fille du ciel, la gloire et le bonheur de l'humanité; toi, par qui l'homme s'éleve au plus haut degré de dignité qu'il puisse atteindre, où la fortune et la volupté en vain déployent leurs charmes pour le séduire, où l'adversité, avec son effrayant cortege, cherche en vain à l'abattre par ses coups redoublés; toi, qui fus mon guide par le sentier pénible que j'ai dû suivre: oh, sois aussi celui de mon Fils! Soutiens ses pas chancelans dans cet âge où ton appui nous est si nécessaire, soit que la fortune nous sourie, soit que le malheur nous menace! Guide également la jeunesse, à qui je consacre mes foibles talens, et que la sainte ardeur que ton culte m'inspire, anime les préceptes que je lui propose pour sa conduite dans le monde!

En vain espéreroit-on qu'un jeune homme s'appliquât durant ses voyages, à tout ce qui intéresse l'esprit et le coeur, et qu'il y trouvât du goût, si l'on n'avoit soin de garantir ses moeurs, et de guider sa conduite de manière que le repos de l'ame, qui est inséparable de sa pureté, soit conservé, et que l'heureuse sensibilité de son âge et l'énergie de ses facultés soient réservées à des objets qui en sont si dignes, comme le vrai et le bien. La sollicitude d'un guide à surveiller, pendant ses voyages, les moeurs de celui qui est confié à sa direction, seroit également inutile, si celui-ci apportoit à ce nouveau cours d'éducation, à son entrée dans le monde, les mauvaises inclinations, les habitudes vicieuses qu'il auroit contractées précédemment. L'avis de Rousseau „que les voyages poussent le naturel vers sa „pente, et achevent de rendre l'homme bon ou mau- „vais," est trop juste pour que je n'en appuye mon opinion propre. On devroit considérer comme un bonheur, mais non comme un effet nécessaire, que des voyages bien dirigés opérassent le changement d'un jeune homme vicieux. Que la douce supposition soit donc permise à tous ceux qui écriront sur ce sujet, que le jeune individu, auquel ils proposent leurs conseils, ait non seulement de bonnes moeurs, mais qu'il apporte encore à ses voyages, le goût du bien, un desir sincère de se perfectionner, et celui de se rendre utile un jour par les lumières de son esprit et les qualités de son coeur. La base d'une si heureuse disposition sera une religion pure et éclairée; la sagesse qu'elle lui inspirera, lui facilitera la connoissance du vrai dans tous les genres, comme la force de l'ame qu'il y puisera, le rendra capable de toutes les vertus.

Le guide qui sentira toute l'importance du devoir précieux, non seulement de surveiller et de garantir durant les voyages, les moeurs du jeune homme qui lui est confié; mais encore de faire en sorte que l'usage du monde contribue à le fortifier dans le bien, et à le pénétrer de l'utilité et de la nécessité de la vertu par la pratique: celui-là devra, avant tout, étudier le caractère et le tempérament du jeune individu qu'il doit diriger, pour savoir quelles sont les circonstances et les occasions qui lui seroient dangereuses, et connoître la manière de l'en préserver, en employant les moyens qui feront sur lui le plus d'impression. Il est bien plus difficile de rendre vertueux, que savant et habile; car les instructions et les leçons n'y suffisent point, comme dans les cas d'enseignemens: c'est de la vigilance, de la prudence, et sur-tout de l'exemple, que l'on doit attendre les effets les plus efficaces sur ce point important. Le jeune homme, de son côté, doit accorder à son guide l'estime, la confiance et la déférence la plus parfaite à ses avis. Rien ne l'y disposera mieux que d'avoir une juste idée de l'importance des voyages, et de la difficulté que l'on trouve à les bien exécuter. C'est cette idée qui le convaincra de la nécessité d'y être secondé des lumières et du zèle d'un ami sage et éclairé. Ce n'est aussi que le défaut d'intelligence et de réflexion sur ces objets, qui explique la coupable sécurité avec laquelle tant de parens voient leurs fils errer dans le monde, sans y avoir un appui solide qui soutienne leurs pas mal assurés.

Les dangers principaux auxquels un jeune homme est exposé durant ses voyages, tiennent en partie à son propre individu, et en partie aux circonstances qui sont hors de lui. La légèreté de l'âge et la vivacité des passions sont au nombre des premiers; les distractions continuelles, les fréquentes occasions qui excitent les passions, et le mauvais exemple, forment la classe redoutable des autres. Malheureusement, ces deux sortes de dangers sont encore par leur nature tellement d'accord pour entraîner le jeune homme dans sa perte, qu'il n'y a qu'une vigilance extrême qui puisse l'en garantir. Le point-de-vue, sous lequel l'usage de voyager doit être envisagé, d'après ce qui a été prouvé plus haut, et la réforme que cet usage doit subir, tant dans la manière de s'y préparer que dans celle de l'exécuter, empêcheront efficacement que les jeunes gens n'entreprennent les voyages avec cette légèreté, dont la plupart d'entre eux se rendent coupables : ce sont ces mêmes moyens, qui dirigeant l'attention vers des objets importans, la détourneront aussi de ceux qui, semblables aux divertissemens des grandes villes, forment un tourbillon qui maintient celui qui s'y est laissé entraîner dans une agitation continuelle, sans lui laisser ni le tems, ni la liberté d'exécuter un plan ferme et raisonné. Cependant, quelque grande et quelqu'élevée que soit l'idée avec laquelle le jeune homme entreprendra ses voyages, le caractère propre de son âge ne manquera pas de se manifester durant leur cours, et le voyage le mieux dirigé, amenera encore des distractions, ainsi qu'un genre de vie en tous sens plus agité que de coutume, en est inséparable. Mais c'est principalement dans la disposition de ces choses, qu'un guide éclairé mettra toute sa sagesse en pratique, qu'il cherchera à alimenter et à exciter de nouveau l'intérêt de son jeune ami, quand il s'appercevra de quelque tiédeur ou dégoût. C'est lui encore qui reglera les journées de route, et le séjour plus ou moins long qu'on fera dans chaque endroit, le tout selon les forces physiques et intellectuelles de l'individu. On ne pourroit, théoriquement, se permettre des détails à cet égard, vu la diversité des combinaisons dans chaque cas et pour chaque personne. Ce qui, uniquement, peut être avancé comme une remarque générale, c'est que de tous les cours d'étude de l'homme, l'on peut exiger de sa part le plus d'assiduité dans celui qu'il fait en voyageant, ce genre d'application ne préjudiciant pas si facilement à la santé, comme celui que demandent les études sédentaires ; au contraire, la variété des objets qui occupent tour-à-tour l'esprit, en devient même un délassement. C'est donc en profitant judicieusement de cette variété, et en occupant constamment et agréablement le jeune homme, que consiste un des moyens puissans pour garantir ses moeurs, que le loisir, l'ennui et le mauvais choix d'occupations, mettroient évidemment en danger.

La vivacité des passions de la jeunesse, les occasions qui les excitent, les exemples qui les pervertissent, sont des choses qu'un guide ne doit jamais perdre de vue. Le moment où il le feroit, seroit peut-être pour toujours, celui de la perte de l'homme confié à ses soins. Rousseau propose, pour préserver des écarts du coeur, de le fixer par le choix d'un objet d'attachement. Je l'avoue, je ne suis point de cet avis. En premier lieu, ce moyen, vu ce qui est établi dans la société, ne pourroit être employé par-tout ; j'oserois même soutenir, qu'il ne le seroit que par un très-petit nombre de personnes ; considération seule qui rend ce moyen inutile. Secondement, il me paroît que celui qui voudroit se contenter d'un remède palliatif, pour rester vertueux, ne le seroit pas plus, que ne seroit sain celui qui soutiendroit sa santé par de semblables remèdes. Ce n'est là, au moral comme au physique, qu'un état d'invalide. L'âge de la jeunesse est celui où l'homme a le plus d'énergie, et il doit apprendre à en faire usage pour se surmonter lui-même, et pour obéir rigoureusement à la voix de la vertu. S'il ne s'y exerce alors, il est à craindre qu'il ne le sache jamais. Et en combien d'occasions de sa vie, devra-t-il n'écouter qu'elle, s'il ne veut pas devenir coupable? Atteindre ce degré de culture, que les voyages sont si propres à faciliter, se former aux devoirs de son état à venir, au bonheur de ses semblables, et ainsi à sa propre félicité : ce sont là, pour détourner de tout écart de l'esprit et du coeur, des motifs plus puissans que ne l'est une passion, qui, quelque légitime qu'elle fût, occuperoit cependant trop l'ame, en altéreroit trop le calme, pour pouvoir attendre d'elle tout l'effet desiré.

S'il est des circonstances dangereuses, si des exemples séduisent, un guide prudent et attentif saura mettre sous les yeux de son jeune ami les conséquences qui en résulteroient: il lui montrera dans une jeunesse flétrie, accablée de maux, dévorée de remords, et succombant enfin à une mort ignominieuse, les suites avilissantes des excès de tout genre, (car il paroît que cette qualification de mort ignominieuse convient au criminel, sur lequel tombe par sa faute, l'arrêt irrévocable de la nature, aussi-bien qu'à celui que condamnent les loix humaines); il lui fera appercevoir dans l'agitation de la cupide avidité et du désespoir qu'entraîne le jeu, toute l'horreur de cette funeste passion, et dans la misère et le mépris public, effet naturel des dépenses ruineuses, la folie de la prodigalité. Ce tableau sera plus propre que de longs discours pour arrêter les impressions du vice. Mettre les suites des passions désordonnées en opposition avec ce qu'elles nous offrent d'attrayant, faire contrebalancer les agrémens par les maux, sont certainement, les moyens et les plus sûrs et les plus solides pour l'en garantir.

Enfin, la douce persuasion du bien par l'exemple des personnes vertueuses, agira toujours très - sen-siblement sur l'ame des jeunes gens; non seulement, elle servira à sauver leurs moeurs, mais elle les encouragera aussi aux efforts moraux les plus sublimes. Il est donc essentiel de fuir la mauvaise société, et celle qui, par son caractère de puérilité, détourneroit des occupations importantes que l'on a en vue; il ne l'est pas moins, de rechercher avec sollicitude celle des hommes distingués par leurs vertus et leurs lumières, et de les approcher le plus qu'il est possible.

Une des conséquences, très-précieuses, qu'aura
encore la société des personnes recommandables par
leurs vertus sur la moralité de la jeunesse, c'est que
leur estime dédommagera du mépris des hommes qui
n'en ont point, et du ridicule dont ils cherchent à
couvrir quiconque ne se lie pas avec eux. La fausse
honte que cette satire produit sur les jeunes gens,
en entraîne plus dans le vice, que l'attrait du vice
même. Quoique ce soit un point principal de l'éducation précédente, d'affermir un jeune homme contre
cette dangereuse timidité, et de lui inspirer le courage
de se prononcer hautement pour la vertu; c'est cependant à son entrée dans le monde, qu'il faut redoubler
de soins pour l'en préserver.

Le but de la culture de l'homme étant le perfectionnement de toutes ses facultés, toute observation intéressante du côté des moeurs, devroit trouver place dans le journal, aussi-bien que celles qui
servent aux progrès de l'esprit. La connoissance d'un
homme vertueux, une belle action que l'on aura vu
faire, une autre à laquelle l'on aura eu le bonheur
de prendre part, y seroient remarquées avec la même
exactitude que l'on apporteroit à y insérer les objets
d'instruction scientifique.

M. Maret, dans un mémoire présenté à l'académie
de Dijon, prouve que nos moeurs nous ont délivrés

d'une grande partie des maladies des anciens, mais qu'elles nous exposent à un grand nombre d'autres. De même, le Philosophe trouve dans notre éducation moderne, dans les opinions et les usages du tems, la cause pourquoi des vices jadis très-fréquens, sont devenus plus rares, pendant que nous en avons contractés, qui étoient presqu'ignorés de nos ancêtres. Tout homme qui se voue à l'éducation de ses semblables, devroit connoître ces sortes de changemens dans l'état moral de la société, puisque c'est en les approfondissant que l'on trouvera les moyens de préserver, par l'éducation même, des vices du siècle.

Au surplus, il est du devoir de celui qui entreprend de guider un jeune homme durant ses voyages, d'étendre encore ses lumières à tout ce que chaque nation civilisée présente de particulier dans ce genre. Toute nation a des vices prédominans, des défauts qui lui sont spécialement propres, et on doit les remarquer avec exactitude, comme, par un sage précaution pour la santé, l'on s'informe des intempéries des saisons et des maladies locales, qui regnent dans les pays où l'on veut se rendre.

Je ne m'arrêterai pas aux détails de tout ce que dicte la prudence, pour ne point offenser, par les apparences d'une curiosité indiscrette, les gouvernemens et les individus, dans les recherches que l'on fera sur les pays étrangers, et ne s'attirer par-là à soi-même les désagrémens les plus graves. Je ne rappellerai pas non plus la tolérance que l'on doit avoir pour les opinions et les usages religieux ou civils de chaque pays, ni enfin le soin avec lequel on doit éviter les querelles, les plaintes, et tout inconvénient de ce genre. Si toutes les préparations et les dispositions pour bien voyager ont été prises, tant de la part du jeune voyageur que de son guide, si, d'un autre côté, par une suite de la réforme proposée pour les voyages de la jeunesse, l'idée que l'on a des jeunes étrangers se rectifioit généralement, et que l'on en devînt d'autant plus porté à les aider et à les respecter ; la plupart de ces inconvéniens, auxquels sont exposés les voyageurs, cesseroient d'eux-mêmes. La culture de l'homme est l'ouvrage de la société entière, et non d'une seule nation, et sur un objet, où tous les peuples civilisés ont un intérêt commun et réciproque, comme est celui dont traite cet ouvrage, il est bien juste qu'ils se réunissent, pour l'établir et le consolider par tous les moyens.

TROISIÈME PARTIE.

DES OCCUPATIONS ET DE LA CONDUITE
AU RETOUR DU VOYAGE.

SEMBLABLE au voyageur qui, arrivé au sommet d'une de ces montagnes où l'oeil plane sur de vastes régions, contemple avec contentement le chemin qu'il vient de franchir, et s'encourage à continuer la route nouvelle qui se présente à ses yeux : de même celui qui, par ses voyages, a atteint ce degré de culture, qui couronne tout ce que l'éducation a fait pour lui jusqu'alors, considère l'espace écoulé et le tems à venir de sa vie : il doit se rendre compte du chemin qu'il y a fait, et s'animer à celui qui lui reste à faire. Le retour d'un jeune homme dans sa patrie est le tems précieux où il recueillera les richesses de l'esprit qu'il a amassées chez l'étranger, pour en enrichir toute son existence future. Une de ses premières occupations sera ainsi de rédiger son itinéraire sur le journal, qu'avec l'exactitude prescrite, il aura tenu durant ses voyages. Cet itinéraire servira à vérifier et à rectifier les tableaux qu'il aura faits préalablement des pays étrangers, et les signes et les nombres dont on y fera usage, et qui doivent correspondre à ceux des tableaux, faciliteront la collation de ces deux pièces.

Il est nécessaire d'observer, que l'itinéraire ne doit contenir que les notions sur l'état civil, économique et politique des pays parcourus; il l'est également de remarquer, qu'il doit être divisé en autant de parties diverses qu'il traitera de pays différens qu'on aura vus; par-là il pourra être plus facilement rapporté aux tableaux qui y sont relatifs, et servira d'autant plus à les vérifier avec ordre et exactitude. Les anecdotes, des remarques particulières, et tout ce qui regarde le voyageur personellement, rendront toujours le journal une pièce intéressante pour celui qui l'aura composé, ainsi que pour ceux auxquels il le communiquera.

Les correspondances, avec des personnes de divers genres de mérite, que l'on aura su se ménager durant les voyages, et qui répandront sur toute la vie de l'homme d'affaires autant d'utilité que d'agrément, seront encore d'un secours essentiel pour perfectionner l'itinéraire dont on vient de parler; l'observation la plus exacte, la mémoire la plus heureuse ne pouvant saisir et retenir assez parfaitement, pour que cette ressource ne soit du plus grand prix.

Des itinéraires, composés avec ce soin, avec cette exactitude, pourroient avoir encore une utilité plus générale, si les jeunes gens, par-tout où un collège d'instruction sur les voyages seroit établi, en faisoient à cet institut le don généreux d'une copie. Il est plus que probable qu'un grand nombre de pareilles pièces, de points de rapport ou de différence entr'elles, donneroient des notions importantes et des vérifications, qui, souvent sans cela, resteroient à desirer. Le jeune individu ne pourroit manquer, dans cette destination de son ouvrage, de trouver un motif d'émulation de plus pour s'en bien acquitter. Quel plus doux contentement pourroit-il éprouver, au terme de ses voyages, que de concourir déjà à y guider les autres ! Le plan d'un pareil établissement s'agrandiroit, et par-là l'on posséderoit en quelque sorte un bureau, pour y déposer et y puiser tour-à-tour les notions statistiques et politiques sur les pays étrangers. Ce genre d'instruction, comme tout autre, ne sera perfectionné que par la réunion de tous les moyens qui peuvent y contribuer et par l'harmonie d'un commun accord.

Comme, durant les voyages, on s'arrétera préférablement à l'observation des objets qui auroient du rapport au genre de vie qu'il est probable que le jeune homme embrassera, ou à la charge qu'il remplira un jour ; de méme, à son retour dans sa patrie, tems, où communément ces circonstances se décident à son égard, il doit s'appliquer particulièrement à tirer de ses voyages le plus de profit possible, pour remplir dignement les fonctions que l'état auquel il se vouera, et les devoirs de l'emploi qui lui sera confié, lui imposeront. Un moyen propre sera d'extraire de son journal tout ce qui est relatif à ce but, et d'en faire une pièce à part. Il pourroit même l'augmenter des idées et des projets, que feroit naître en lui la comparaison de ce qu'il a vu chez l'étranger avec l'état des choses dans sa patrie. Car, quoiqu'alors il ne soit encore ni dans l'âge, ni dans la position à proposer des réformes ou à introduire des nouveautés, quelqu'avantageuses qu'elles paroissent, et qu'il ne doive énoncer ses pensées sur des objets semblables que quand le tems les aura mûries, et que les circonstances en demanderont l'usage; néanmoins, l'instant où la vivacité des impressions récentes, secondée de celle de la jeunesse, fait germer les idées, est trop précieux pour oser le négliger. En vain, peut-être, chercheroit-on dans un âge plus avancé de pareilles idées, l'oubli d'une seule utile pourroit devenir une perte réelle, non seulement pour l'individu, mais encore pour une génération entière.

Heureux celui qui, au retour de ses voyages dans les pays étrangers, seroit à même de reprendre dans le sien, celui par lequel il les commença! Rien ne le mettroit plus en état de bien servir sa patrie, parceque ce moyen lui en faciliteroit, plus parfaitement que tout autre, une connoissance exacte, lui feroit faire des comparaisons justes, et lui suggéreroit des idées neuves et heureuses. Il ne sera peutêtre pas généralement possible d'exécuter ce projet: mais l'avantage que l'on en retireroit est si grand, il doit paroître si évident à tous ceux qui méditeront sur ce sujet, qu'on ose avancer qu'il vaudroit mieux se refuser de voir un pays étranger de plus, que d'omettre de revoir le sien de la manière indiquée.

Je ne crois point exiger trop dans ce que je viens de proposer. L'expérience qui prouve journellement, que c'est bien moins pour n'avoir pas acquis des connoissances que pour ne les avoir point digérées, que souvent l'on se trouve en défaut de lumières; cette expérience, dis-je, me justifiera aux yeux de ceux qui réfléchiront, que les voyages ayant été proposés comme un cours d'étude par lequel le jeune homme apprend à appliquer les théories des écoles à l'usage du monde, il s'ensuit, que l'utilité qu'il en obtiendra, sera proportionnée à son attention à appliquer par la suite les observations faites à tous les cas auxquels elles peuvent convenir. Ce n'est, je le répète, que par cette application, que l'on retirera des voyages bien exécutés, toute l'utilité qu'ils peuvent

avoir sur le reste de la vie. C'est une récolte précieuse, que la négligence peut faire perdre encore,
et dont l'homme ingénieux et actif sait tirer parti au
centuple.

Enfin, il reste à parler de la conduite du jeune
homme, au retour de ses voyages. C'est là l'instant
où l'on est autorisé d'attendre, que l'avantage des
voyages, bien dirigés et précédés de l'instruction,
se manifeste avec évidence. Car de celui qui auroit
été suffisamment préparé à ces voyages, par toutes
les connoissances nécessaires et les dispositions
propres; qui, ensuite, pendant plusieurs années,
auroit joint la théorie à la pratique dans l'étude de
tout ce que l'esprit humain a inventé pour la civilisation, la culture et le bonheur des nations; qui,
par-tout, auroit approché les hommes distingués par
leurs lumières et par leur zèle à les mettre à profit;
dont le patriotisme se seroit échauffé au feu du leur,
l'esprit nourri de leurs ouvrages, et l'imagination
exaltée par l'admiration due au vrai et au bien: de
celui-là, il est impossible de croire, que de retour
dans sa patrie, il mette sa gloire à y étaler un faste
puéril, qu'il s'occupe à y introduire des modes, et
que renonçant à ses coutumes et usages, pour n'af-
fecter que ce qui vient d'ailleurs, il se rende une
caricature méprisable aux yeux des siens, et ridicule

94

à ceux des étrangers qu'il veut imiter ; ou qu'évitant ces travers, il tombe dans celui des personnes qui, comme dit Montagne, *attachent tout le prix de leur voyage à savoir dire, de retour dans leur pays, combien de pas a Santa Rotunda, et combien le visage de Néron, de quelque vieille ruine, est plus long ou plus large que celui de quelque vieille médaille,* ou qui, ce qui est pis encore, selon le portrait fidèle qu'en a fait un de nos Poëtes allemands *(a)*, *n'ayant voyagé que par le grand motif que papa et le cher oncle ont voyagé aussi, savent nous dire, à leur retour, que d'auberge en auberge on peut arriver heureusement à Paris et à Londres.* Non, du voyageur, qui, comme il a été exposé jusqu'ici, auroit été préparé et guidé conséquemment au but important que l'on se propose par les voyages, de celui-là, il seroit contre toute vraisemblence, de redouter de pareils procédés, qui ne peuvent avoir d'autre source que l'ignorance et le défaut le plus absolu de culture de l'esprit et du coeur. Sans exagérer les suites avantageuses du Plan qui a été tracé, il est permis de croire que celui pour lequel il seroit suivi, en prouveroit, de retour dans sa patrie, toute l'importance par sa conduite, et qu'il paroîtroit dans la société

(a) M. Clodius dans ses oeuvres diverses.

avec un esprit orné, une sagesse solide, et un goût épuré par l'étude du vrai en tout genre. Si, dans ses manières, dans sa façon d'être, il adoptoit ce qui se pratique dans d'autres pays, ce ne seroit qu'avec ce choix, qui, comme dit Bacon, sait mêler aux usages et coutumes de sa patrie quelques fleurs cueillies chez l'étranger.

L'objet de sa constante observation, a été l'homme voué au service de l'état; les devoirs qu'amene le genre de situation auquel il a prévu de parvenir un jour, ont formé celui de son application particulière. Connoissant ainsi les charges et les obligations du poste qu'il va occuper dans la société, celles des rapports qu'il y trouvera, et pénétré de leur influence importante sur le bien-être public, il mettra toute son attention à les bien remplir, en profitant des observations faites, de l'expérience et des lumières acquises.

Soit que, comme propriétaire, il s'occupe des progrès de l'industrie rurale; soit que, dans l'administration d'un emploi civil, il surveille l'ordre, la sûreté ou le bien-être public; soit encore que, dans des négociations avec l'étranger, il sauve et assure les intérêts de sa patrie : par-tout, on le verra agir, avec cette fermeté, que donnent des lumières étendues, avec cette prudence, que font acquérir des observations réitérées, avec ce zèle, qu'inspire la vue des succès que l'on a eu souvent lieu d'admirer. Il cherchera enfin, autant qu'il dépendra de lui, et que l'état des choses en rend son pays susceptible, à augmenter la masse du bonheur de ses compatriotes, de tous les avantages qu'il aura trouvés dans ces pays qu'il a vus et observés ; et c'est ainsi qu'il osera espérer d'être dans la suite, l'interprète de la sagesse, l'appui du bien, l'amateur et le promoteur des sciences et des arts, et de devenir par ses lumières et ses vertus, précieux à sa patrie, cher aux siens, et respectable aux étrangers.

Tel est le tableau de l'homme, formé par une culture soignée et suivie, pour laquelle on auroit employé tous les moyens qui peuvent opérer son perfectionnement ; et les voyages bien dirigés, comme je crois en avoir fourni la preuve, font partie de ces moyens.

Il me reste à exprimer le voeu, que dans ce portrait que je viens de trace un jour reconnoisser, l'on les traits de l'être chéri qui m'appartient ; que de bons Parens y retrouvent également ceux de leurs fils ; et les peuples ceux des hommes, qui, dans les postes importans de l'état, s'occupent de leurs intérêts, et peuvent essentiellement contribuer à leur bonheur !

AVERTISSEMENT.

Touchant le but et l'usage de la Table d'observa-
tions statistiques et politiques, d'après l'état ac-
tuel des nations civilisées; *de l'esquisse d'un porte-*
feuille à l'usage des voyageurs, et de celle d'une
carte statistique.

Avant que le lecteur accorde son attention aux
différentes pièces annexées à cet ouvrage, je desire
de mettre sous ses yeux les idées et les principes qui
en sont la base, ainsi que le but et l'usage respectif
de chacune d'elles.

Dans la Table des observations statistiques et politiques, d'après l'état actuel des nations civilisées,
les besoins de la société policée et constituée en
différens corps politiques, et les moyens par lesquels l'on y satisfait, sont les points d'où je pars.
De ces deux considérations, résulte celle de ce qui
peut être proposé, selon les circonstances du tems,
pour le perfectionnement de ces moyens , et les
progrès de la civilisation qui en dépendent; et quoiqu'il seroit désirable que l'on ne suivît cette dernière
considération qu'avec la circonspection la plus
grande, et avec un discernement judicieux, fondé sur

la connoissance des hommes en général, et sur celles des circonstances présentes en particulier, néanmoins elle doit concourir au plan d'un pareil exposé.

Tous les changemens, tous les progrès importans de la société dans la civilisation et la culture, peuvent ainsi de tems à autre en exiger un nouveau ; pour s'en convaincre, que l'on se représente la différence qu'il y auroit entre de semblables tableaux, tracés d'après les époques principales que nous offre l'histoire.

Le voyageur qui voudra se servir de cette Table, y trouvera par-là l'idéal du siècle dans lequel il vit, il n'y apercevra ni des pensées chimériques, ni des innovations déplacées, mais toutes les idées indiquées par l'état actuel de la société. Sous ce point-de-vue, la Table lui servira encore de mesure de proportion pour juger des divers degrés de civilisation et de culture des contrées qu'il observera.

Cette Table enfin facilitera beaucoup les exercices proposés dans le Plan des voyages, tant des tableaux statistiques que des journaux et des itinéraires. Le choix des observations qui s'y trouvent, l'enchaînement systématique dans lesquels ils sont présentés, en rendront l'exécution facile au degré, que si ce Plan est nouveau, le moyen de le réaliser, comme je crois pouvoir l'avancer, est aussi tout trouvé et offert à la jeunesse *(a)*. Le jeune homme occupé, soit à ébaucher le tableau particulier des pays où il devra se rendre , soit à les observer même , et finalement à en retracer les observations faites, trouvera dans ce dessin général, s'il m'est permis de m'exprimer ainsi, les linéamens, les proportions qui plus ou moins conviennent à tous; et ce qui, sous ces rapports, est particulier à chaque contrée, il l'apprendra dans ces ouvrages statistiques et politiques dont la bonté et le nombre augmentent journellement.

Le voile du mystère qui cachoit long-tems cet objet, est déchiré, et de jour en jour on sera plus à même, par la publicité qui regne par-tout, de se procurer des notions exactes à cet égard: ce qu'un

---

(a) Je crois être autorisée à regarder cette Table , ainsi que les différentes esquisses dont elle est suivie , comme des dons nouveaux présentés à la jeunesse: les questions proposées aux académiciens par Mirabeau le père , dans son ami de l'homme, celles adressées aux voyageurs par M. le Comte de Berchtold et par M. le Chevalier Michaëlis, et tant de tables statistiques de divers auteurs, tous ouvrages infiniment estimables, et dans lesquels l'on pourroit trouver plus ou moins d'analogie avec ces pieces , en différent néanmoins parfaitement. Il en est des productions de ce genre, comme des arbres encyclopédiques, ils doivent se ressembler nécessairement par la matière; mais la disposition des objets, l'ordre, l'enchaînement systématique , enfin les additions considérables, peuvent rendre ces ouvrages absolument différens les uns des autres.

voyageur n'oseroit pas demander dans le pays, crainte de se rendre suspect, il peut s'en informer d'avance par la lecture, et souvent un coup-d'oeil suffit alors pour vérifier.

Enfin je ne crois pas devoir répondre à l'objection, qu'un jeune homme ne pourroit faire dans les pays étrangers toutes les observations indiquées dans cette Table. Le cadre qui sert également à l'observation et à l'étude du pays natal et des autres, demande à être aussi achevé que le comporte le point-de-vue que l'auteur a envisagé en le traçant. En effet celui qui voudra étudier réellement l'état de la société, sous le rapport quelconque qu'il auroit choisi, se convaincra bientôt, que ce ne sont point quelques années, mais une grande partie de la vie, pour ne pas dire la vie entière, que cette étude exige. La méthode qui entreprend de mettre sur la voie, ne sauroit donc être assez complette.

A cette Table j'ajoute l'idée d'un porte-feuille à l'usage des voyageurs. On pourroit, en choisissant un format portatif, imprimer ainsi la table statistique, et avoir un cahier à part de chaque matière. La Table générale n'en seroit cependant pas rendue inutile ou superflue; par l'enchaînement des parties qu'elle présente, et par le coup-d'oeil de l'ensemble elle sera toujours, et même à un degré supérieur, aux

tables particulières, ce que sont les cartes geogra-
phiques générales aux spéciales. Au surplus, il seroit
facile, d'après cette idée, de composer des porte-
feuilles à l'usage particulier de différens voyageurs,
tels que négocians, artistes, antiquaires etc. Les
indications claires et précises de tout ce qui est digne
d'être remarqué, la facilité d'y répondre sur le
champ dans l'espace intermédiaire, et qui seroit
plus ou moins grand, selon le sujet indiqué, une
feuille en blanc entre deux imprimées pour servir aux
observations et réflexions plus étendues, semblent
être le plan le plus convenable de ces porte-feuilles,
afin de les rendre instructifs aux voyageurs, et propres à l'usage et au transport.

L'esquisse de la Carte statistique expose la manière d'après laquelle je crois que l'on pourroit
représenter l'état statistique et politique d'un pays
en général, ou en particulier celui des différentes
parties qui le composent, et qui étant également
employée, tant pour le tems passé que pour, le présent, animeroit singuliérement l'histoire, et répandroit
une clarté nouvelle sur toutes les connoissances
politiques qui en dépendent.

Une Carte qui réuniroit dans une disposition systématique les parties principales d'un état, qui le constituent un corps politique, et qui prouveroit par

un exposé fidelle et succinct les résultats de tous les établissemens et institutions sociales, faciliteroit d'en voir les rapports d'un coup-d'oeil, d'en faire promptement la comparaison avec d'autres, d'en saisir les combinaisons et d'en former de nouvelles. Un pareil tableau seroit, en général, aux connoissances politiques, ce que sont aux mécaniques les dessins, qui représentent les rouages, les ressorts et l'ensemble d'une machine.

Les progrès des sciences ont amené leur rapprochement, et ce rapprochement leur a valu des succès nouveaux. On connoît de nos jours tout l'avantage que retirent les sciences de l'application immédiate du calcul. Les tables des affinités chimiques exprimées par des nombres, sont tout à la fois les résultats d'une étude approfondie de la chimie et des moyens puissans pour en avancer le perfectionnement. M. Croome par sa Carte qui expose l'aire et la population calculées des états de l'Europe, en en exprimant les rapports et les différences par des nombres, a fait pour ces branches de la statistique, ce que les Bergmanns, Kirvans, Achards et autres ont fait pour la chimie. Cependant combien d'autres sujets statistiques et politiques seroient susceptibles d'être ainsi présentés! Les Cartes que je propose, aideront infiniment à ce travail, en fournissant au calcul les données exactes , sur lesquelles il tenteroit de s'exercer.

Ainsi que la Table statistique générale pourroit être décomposée en autant de particulières , qui renfermeroient sur chaque matière la suite la plus étendue d'observations, selon qu'il a déjà été dit ; de même, ces cartes générales pourroient être rendues spéciales, soit à l'égal de celles qui composent les atlas géographiques, en représentant particulièrement et en détail les provinces, cercles d'un même état, soit en s'attachant à n'y exposer qu'une seule branche de la statistique d'un pays *(a)*, ou de plusieurs pays comparés entre eux : dans le dernier cas, l'application du calcul, tel qu'il a été prouvé par l'exemple de M. Croome, donneroit à ce genre d'ouvrage cette solidité , cette sureté et précision, si désirables pour toutes les connoissances humaines.

A ces avantages, qu'il me soit permis d'ajouter ceux qu'en retireroit l'histoire , dont l'idée de l'illustrer par de semblables cartes m'intéresse particulièrement,

---

(a) L'Abbé de St. Pierre propose avec cette clarté d'idées qui lui est propre, des cartes botaniques, *études de la nature tom. I. pag.* 49. *Paris , seconde édition.* L'Angleterre en possède de minéralogiques, l'Allemagne d'industrie, mais les premières n'ont pas encore été exécutées; et j'ose remarquer que les autres seroient susceptibles de grand perfectionnement.

idée, qu'avant moi, je puis m'en flatter, personne n'a eu encore : les cartes historiques que nous possédons de divers auteurs très-estimables, différant essentiellement des statistiques historiques que je propose, tant par le sujet que par la manière de les travailler.

Quel vaste champ s'ouvriroit à l'étude de l'histoire, si on entreprenoit d'exposer dans autant de cadres l'état statistique et politique des pays les plus célèbres, soit en saisissant une époque fixe de l'histoire du pays, soit en les embrassant toutes, et en marquant à chaque sujet les variations qui s'ensuivirent, d'après les auteurs les plus authentiques ! Combien de notions, qui ne se retrouvent que dans des ouvrages volumineux, que le plus grand nombre de gens cultivés ne lit pas, en seroient tirées, et par-là rendues généralement utiles !

C'est de cette manière que l'observateur de tous les âges se verroit environné d'un nombre de cadres dont les uns lui représenteroient les tableaux achevés des pays, dans les différentes époques qu'ils ont parcourus, et les autres selon la même variété des tems, les tableaux comparatifs des mêmes pays, relativement à un ou plusieurs objets statistiques et politiques.

Le souhait sublime que la philosophie a prononcé de nos jours, que l'histoire puisse être le tableau du

développement des facultés humaines, et de leur perfectionnement progressif au grand but moral de la
société, *l'harmonie entre la vertu et le bonheur
public*, seroit encore puissament secondé par ce genre
d'ouvrage. Ces Cartes travaillées avec l'exactitude
qu'elles exigent, et selon l'étendue du Plan, que par
la nature des choses, l'on oseroit s'y proposer, for-
meroient même la base d'un pareil tableau ; c'est là
que l'historien philosophe trouveroit les faits, tout
rapportés et ordonnés, sur lesquels il appuyeroit
son raisonnement.

L'esquisse que je présente de semblables Cartes,
n'est cependant, si je puis me servir de cette expression, que la charpente de ces Cartes ; le dessin, les
divisions et subdivisions des parties, ainsi que leur
disposition, doivent par des modifications convenables, se conformer à l'objet que l'on veut retracer,
et ne sauroient pour aucun pays être exactement les
mêmes. Tout ce qui est arbitraire demande également à y être soigneusement évité, pour suivre,
autant que l'exposé matériel en est susceptible, le
plan de l'organisation de l'état que l'on veut représenter. Enfin ce n'est que dans les cartes mêmes que
peuvent se manifester l'étude approfondie des pays,
l'application à s'en approprier l'idéal, la précision et
le goût qu'elles exigent.

Mon projet, dans le commencement, fut d'unir à cet ouvrage deux Cartes travaillées d'après ces idées; l'une d'un état ancien, et l'autre d'un état moderne, comme autant de pièces qui, bien qu'elles n'appartinssent pas directement au plan de ce livre, y concourroient néanmoins en servant aux progrès des études statistiques et politiques.

Telle est l'entreprise qui a retardé d'une année la publication de cet ouvrage, annoncé dans les feuilles publiques et achevé depuis ce tems. Mais m'étant apperçue à mesure que j'avance, qu'il la faudroit par-là suspendre encore long-tems; d'un autre côté, ces essais même m'ayant animée de plus en plus à ce genre de travail, et fait prendre la résolution de ne donner ces Cartes que dans un corps d'ouvrages complet, qui peut-être exigera encore plusieurs années; j'ai préféré de faire paroître ce livre, en y ajoutant l'esquisse d'une Carte statistique, pour présenter en attendant, d'une manière sensible, mes idées sur cet objet.

J'ai choisi pour le sujet de cet exposé l'idéal d'une grande monarchie, afin de prouver d'autant mieux, par le dessin étendu et compliqué qu'exige la carte générale d'un pareil corps politique, la possibilité de l'exécution de toute autre entreprise de ce genre.

Avant d'avoir atteint le but que je me suis pro-

posée, d'autres tenteront peut-être la même carrière, et il sera alors satisfaisant pour moi, en re-
connoissant leur supériorité, d'oser me flatter au
moins, de leur en avoir suggéré l'idée. C'est moyen-
nant des essais réitérés que ces cartes seront portées
un jour à ce degré de perfection dont elles sont
susceptibles. La loi inviolable que, par des raisons
qui me sont personnelles, je me suis imposée de ne
me servir dans mes ouvrages littéraires d'aucun secours étranger, fait que je ne donne au public, que ce
qui est rigoureusement le fruit de mes études et de
mon propre travail. Cet aveu que j'ai cru devoir lui
faire, le mettra à même de calculer le perfectionnement que peuvent éprouver les différentes parties
qui composent cet ouvrage, lorsqu'elles seront re-
touchées par des mains plus habiles.

Finalement je rends compte au public, et sur-tout
à ma patrie, par quel motif j'ai préféré pour cet
ouvrage une langue étrangère à celle qui m'est
propre. J'espère que le but de le dédier à mon fils,
et de le destiner plus particulièrement à l'Italie sa
patrie en paroîtra un plausible; il est connu d'ailleurs
qu'on y entend rarement l'allemand, tandis que le
françois y est généralement compris, ainsi qu'en
Allemagne: c'étoit donc là le choix qui me restoit à
faire pour être également lue dans ces pays. Si je

n'ose prétendre à l'élégance des auteurs françois, j'ai cherché au moins autant qu'il m'a été possible à éviter les fautes de négligence. Je n'ai épargné aucuns soins à cet égard; je les ai même étendus jusqu'à l'impression du livre, m'étant chargée d'en revoir les corrections.

Enfin pendant plus de deux ans que cet ouvrage m'a occupée, j'y ai mis l'application la plus assidue. Quels autres agrémens de la vie, et quelles autres occupations eussent pu compenser le charme, que m'ont fait éprouver ceux, pour lesquels se réunissoient l'amour maternel et le desir de me rendre utile à la société!

Exposé succinct des divisions et subdivisions des différentes matières contenues dans LA TABLE D'OBSERVATIONS STATISTIQUES ET POLITIQUES, etc. et qui s'y trouvent rapportées dans un enchaînement systématique.

TABLE D'OBSERVATIONS STATISTIQUES ET POLITIQUES, D'APRÈS L'ÉTAT ACTUEL DES NATIONS CIVILISÉES.

OBSERVATIONS PRINCIPALES, HISTORIQUES, GÉOGRAPHIQUES ET TOPOGRAPHIQUES.

CONSTITUTION ET ORGANISATION CONSTITUTIONELLE DE L'ÉTAT.

(a) CIVILE.   (b) MILITAIRE.

SYSTÉME DU GOUVERNEMENT POLITIQUE DE L'ÉTAT.

1. INTERNE.

DIVISÉ EN DEUX PARTIES,

(a) CELLE QUI EMBRASSE LES DÉTAILS ÉCONOMIQUES (OU L'ÉCONOMIE POLITIQUE).

PRODUCTIONS NATURELLES.	INDUSTRIE FABRICANTE.	COMMERCE.	FINANCES.
REGNE VÉGÉTAL, REGNE ANIMAL, REGNE MINÉRAL.	ARTS ET MÉTIERS.	NAVIGATION.	MONNOIES.
INDUSTRIE RURALE EN GÉNÉRAL.			BANQUES.

(b) ET CELLE QUI A POUR OBJETS LES INTÉRÉTS CIVILS ET MORAUX.

LÉGISLATION.	POLICE.	INSTRUCTION.
CIVILE.	CONSERVATION.	RELIGION.
CRIMINELLE.	SÛRETÉ PUBLIQUE.	ÉDUCATION.
	BIEN - ÊTRE COMMUN.	CULTURE DE LA NATION EN GÉNÉRAL.

MORALE PUBLIQUE.   CARACTÈRE NATIONAL.

2. EXTERNE,

QUI S'OCCUPE DES RAPPORTS DE L'ÉTAT AVEC D'AUTRES PAYS (OU POLITIQUE PROPREMENT DITE).

POLITIQUE.

COLONIES ET POSSESSIONS ÉLOIGNÉES.

J'ai cru devoir ajouter cet exposé à la *Table d'observations statistiques et politiques* etc. par le motif, que parmi le grand nombre des lecteurs il pourroit se trouver des jeunes gens, qui, peu accoutumés à la lecture des Tables, se trouveroient embarassés dans l'usage de celle-ci; or rien ne me tient plus à coeur, que d'obvier à tout ce qui pourroit en entraver l'utilité.

VILLE CAPITALE.

1. Le nom de la ville, sa situation, son étendue et sa circonférence ?

2. Les observations météréologiques les plus intéressantes qu'on y a faites depuis un cours d'années ?

3. La population de la ville et des fauxbourgs, prise séparément, et au total ?

4. Le nombre des maisons, et de la ville et des fauxbourgs ; le total ?

5. La consommation annuelle des denrées de tout genre, et les noms des lieux d'où la capitale les tire ?

6. Les noms et le nombre des ponts, des rues et des places les plus considérables ?

7. Les noms et le nombre des principaux édifices ?

8. Les manufactures et fabriques qui sont établies dans la capitale, le nombre de chaque sorte qui s'y trouve ; à quoi se monte le nombre des personnes que chacune d'elles emploie, et celui des fabricans en général ?

9. Les métiers qui se trouvent dans la ville, et le nombre des individus qui composent chaque maîtrise ?

10. Les divers genres de commerce qui se font dans la capitale, et les places respectives qui leur sont assignées ?

11. Les noms et le nombre des négocians principaux qui y sont établis ?

12. Les noms des banques publiques, le nombre des établissemens de ce genre, le nom et le nombre des banquiers, les places respectives avec lesquelles ils correspondent ?

13. La cour du souverain ; l'état de sa maison, et de celles des personnes de sa famille ; les noms des palais où ils résident ?

14. Dans la capitale d'une république, le nombre, le nom, la dignité de ceux qui tiennent les rênes du gouvernement ; les palais, bâtimens où ils résident ou s'assemblent ?

15. Les ambassadeurs, envoyés et ministres étrangers qui résident dans la capitale ?

16. Les noms des chancelleries, des chambres, et de toutes les parties de l'administration, établies dans la capitale, et le nombre des personnes dont chacune d'elles est composée ?

17. Les établissemens de justice, tels que les prisons, maisons de force et de correction, le nombre et leurs noms respectifs ; le nombre des personnes qu'ils peuvent contenir, et de celles qui s'y trouvent actuellement ?

19. Les établissemens qui tendent à la sûreté et à la commodité des habitans et des étrangers ; tels que l'illumination de la ville, les voitures de remise, les fiacres, les auberges, les cafés, les chambres garnies, et le prix respectif de ces objets ?

20. Les promenades, cours et autres lieux qui servent aux assemblées et récréations publiques ?

21. Les fêtes, les occasions aux divertissemens publics ; leur nombre ; leur genre et les détails qui en sont remarquables ?

22. Les écoles publiques, leur nombre, leur nom, et jusqu'où s'étend l'instruction que l'on y donne ?

23. Les instituts d'éducation et d'instruction publique en général ?

24. L'université, les académies, lycées, gymnases : quelles sciences l'on y traite, ou quels arts l'on y enseigne ?

25. Les établissemens scientifiques, tels que jardin botanique, théâtre anatomique, observatoire etc ?

26. Les noms et le nombre des bibliothèques publiques ; les jours et les heures où elles sont à l'usage du public ; les noms des particuliers qui en possèdent de considérables ?

27. Les noms et le nombre des collections scientifiques de tout genre, tant publiques que particulières, et l'accès qu'y a le public ?

28. Les personnes célèbres de l'un et de l'autre sexe, soit dans les sciences, soit dans les arts ?

29. Les assemblées, sociétés savantes, philantropiques, leurs noms et les objets dont chacune d'elles s'occupe séparément ?

30. Le nom et le nombre des théâtres ; en quelles langues on y représente, et quels genres de représentations y ont lieu ?

31. Les environs, ce qu'ils présentent de remarquable, soit par les beautés de la nature, soit par celles de l'art ?

32. Les meilleures cartes topographiques, dessins, plans et descriptions, tant de la capitale que de ses environs ?

33. Les ouvrages périodiques et autres feuilles qui paroissent journellement ?

34. Le départ et l'arrivée des postes, des chariots des postes etc. ?

18. Hôpitaux et maisons de charité
en général, le nombre et leurs noms
respectifs; le nombre des logemens
qu'ils contiennent, et celui des individus qui s'y trouvent rassem-
blés ?

19. Les établissemens qui tendent
à la sûreté et à la commodité des
habitans et des étrangers; tels que
l'illumination de la ville, les
voitures de remise, les fiacres, les
auberges, les cafés, les chambres
garnies, et le prix respectif de ces
objets?

20. Les promenades, cours et autres
lieux qui servent aux assemblées
et récréations publiques?

21. Les fêtes, les occasions aux divertissemens publics; leur nombre, leur genre et les détails qui
en sont remarquables?

22. Les écoles publiques, leur nombre, leur nom, et jusqu'où s'étend
l'instruction que l'on y donne?

23. Les instituts d'éducation et d'instruction publique en général?

www.ingramcontent.com/pod-product-compliance
Lightning Source LLC
Chambersburg PA
CBHW061242060726
47596CB00002B/391